Annette Siemes / Clemens Schneider
(Herausgeber)

Offene Grenzen?
Chancen und Herausforderungen der Migration

Offene Grenzen?
Chancen und Herausforderungen der Migration

Offene Grenzen?
Chancen und Herausforderungen der Migration

Annette Siemes / Clemens Schneider
(Herausgeber)

Universum AG
Berlin 2014

Impressum:
1. Auflage, 2014
© 2014 Universum AG

Umschlag
Gestaltung: altmann-druck GmbH

Satz und Druck: altmann-druck GmbH, Berlin
Printed in Germany - ISBN 978-3-942928-14-4

Inhalt

Vorwort — 7
Sabine Leutheusser-Schnarrenberger
Bundesjustizministerin a.D.

Einleitung — 10
Annette Siemes

**Migration und Mehrheitsgesellschaft:
Das Spannungsfeld von Selbstschutz
und Offenheit** — 12
Sabine Beppler-Spahl

**Offene Grenzen
und institutioneller Wandel** — 48
Kalle Kappner

Nation: Fiktion und Konstruktion — 72
Clemens Schneider

**Offene Gesellschaft?
Deutschland als Zuwanderungs- und
Einwanderungsland** — 93
Annette Siemes

Autoren — 143

Vorwort

**Sabine Leutheusser-Schnarrenberger
Bundesjustizministerin a.D.**

Offene Grenzen innerhalb der Europäischen Union (EU) und die damit verbundene Freizügigkeit sind eine wichtige Errungenschaft. Anstelle von Abschottung und Grenzkontrollen wird das Zusammenleben in der EU neben dem freien Austausch von Waren und Dienstleistungen von der grenzfreien Reise- und Bewegungsfreiheit geprägt. Das ist der sichtbare Ausdruck für die Überwindung früherer Feindschaften und für das friedliche Miteinander.

Diese Errungenschaft ist aber keineswegs unumstritten, sie ist in Gefahr. Rechtspopulistische Parteien in mehreren Mitgliedstaaten polemisieren gegen Asylbewerber und Flüchtlinge, die teilweise unter lebensgefährlichen Umständen aus ihrer Heimat geflohen oder von skrupellosen Menschenhändlern nach Europa gebracht worden sind. Die südlichen Mitgliedstaaten klagen über nicht zu bewältigende Flüchtlingsströme, und der britische Premierminister droht, die Grenzen seines Landes zu schließen.

Es ist Zeit, sich endlich fundiert mit den verschiedenen Aspekten der Migration und Flüchtlingspolitik zu befassen und über neue

Wege nachzudenken.

Deutschland ist seit vielen Jahren ein Einwanderungsland, und die Politik stellt sich langsam darauf ein und überlegt, unter anderem die Rahmenbedingungen beim Staatsangehörigkeitsrecht und beim Umgang mit Asylbewerbern zu ändern. Bisher sind für die Integrations- und Einwanderungspolitik die nationalen Mitgliedstaaten zuständig genauso wie für die Durchführung des Asylverfahrens. Die Zuweisung der Asylbewerber erfolgt nach dem Dubliner Abkommen, also danach, wo der Asylbewerber ankommt, mit der Folge, dass manche Mitgliedstaaten mit europäischer Außengrenze überproportional betroffen sind und andere kein Interesse daran haben, sich für eine andere Verteilung einzusetzen.

Angesichts zahlreicher Krisenherde und Bürgerkriege ist zu befürchten, dass die Flüchtlingszahlen zunehmen werden. Europa braucht eine neue Flüchtlingspolitik, die sich nicht auf die Zuweisung der Flüchtlinge beschränkt, sondern sich mit ihrem Schicksal, mit ihrer menschenwürdigen Unterbringung und Behandlung befasst. Genauso gehört dazu die Hilfe in den Herkunftsländern.

Europa muss seinen moralischen und völkerrechtlichen Verpflichtungen nachkommen. Europa kann und soll sich nicht gegen eine geregelte Einwanderung abschotten. Deutschland braucht angesichts der demographischen Entwicklung eine rationale Einwanderungspolitik mit klaren Kriterien und Voraussetzungen. Andere Länder haben mit Punktesystemen gute Erfahrungen gemacht.

Es bedarf intensiver nationaler und europäischer Anstrengungen der Integration. Der vorliegende Sammelband befasst sich mit vielen Facetten dieser globalen Themen.

Einleitung

Annette Siemes

Eine offene Gesellschaft hat Regeln und Strukturen. Sie hat auch Grenzen. Diese Grenzen sind staatliche Grenzen. Diese sind überschreitbar: Für die einen mehr, die anderen weniger. Migration und Flüchtlingsproblematik bestimmen vor dem Hintergrund des demographischen Wandels und der zunehmenden Destabilisierung ganzer Regionen die öffentliche Diskussion und fordern die Politik: Zum einen zur Anwerbung von Arbeitsmigration aus der EU und aus Drittstaaten, zum anderen zur Aufnahme von Flüchtlingen und Sensibilisierung der Mehrheitsgesellschaft für eine weltweite Problematik.

Zahlreiche Studien und Publikationen behandeln Migration, bleiben aber entweder in den empirischen Daten oder im ideengeschichtlichen Überbau verhaftet. Dieses Buch ist als gemeinsames Projekt des Liberalen Institutes und Stipendiaten der Begabtenförderung der Friedrich-Naumann-Stiftung für die Freiheit ein Angebot an diejenigen, die Daten und Fakten zur Migration sowie eine Vorstellung politischer und philosophischer Konzepte, die unterschiedliche Ansätze im Umgang mit Migranten begründen, in einem Band wünschen.

Sabine Beppler-Spahl beleuchtet die politische Situation in der Europäischen Union vor dem Hintergrund zunehmender Spannungen zwischen offenen Gesellschaftsmodellen und Abschottung. Kalle Kappner erläutert die Bedingungen für die offene oder geschlossene Weltgesellschaft und den institutionellen Wettbewerb um Zuwanderer und Abwanderer. Clemens Schneider, Stipendiat der Stiftung und Mitherausgeber dieses Bandes, stellt die Frage, wie sinnvoll eine Orientierung an dem Begriff Nation noch sein kann und zeigt die Genese nationalstaatlicher Theorien und deren Problematik. Das Liberale Institut liefert gebündelte Daten und Fakten zur Migration und thematisiert Modelle der Zuwanderungspolitik.

Die Offene Gesellschaft ist ein Erfolgsmodell des 20. Jahrhunderts. Nur mit einer Weiterentwicklung dynamischer politischer Konzepte lassen sich Wanderungsproblematiken lösen. Mit Abschottung nicht. Dies betont auch Sabine Leutheusser-Scharrenberger, der ich für ihr Vorwort ganz herzlich danke.

Migration und Mehrheitsgesellschaft: Das Spannungsfeld von Selbstschutz und Offenheit

Sabine Beppler-Spahl

Die Wissenschaft kommt uns gelegen, wenn sie mit beinharten Fakten belegt, was wir ohnehin glauben. Ein Beispiel sind die zahlreichen Studien, die zeigen, wie vorteilhaft Einwanderung ist. Eine Untersuchung nach der anderen weise nach, so die Ökonomen Michael Clemens und Justin Sandefur in einem Beitrag für die Zeitschrift Foreign Affairs, dass die Öffnung des Arbeitsmarktes für Einwanderer aus ärmeren Ländern zu höheren Renditen und einem beschleunigten Wirtschaftswachstum im Aufnahmeland führe.[1] Harvard Professor Edward Glaeser beschäftigt sich mit dem Zusammenhang von Zuwanderung und Städten. In den

---

1 Clemens, M., Sandefur, J.: Let the People go. The problem with strict migration limits. Foreign Affairs, Januar/Februar 2014. http://www.cgdev.org/files/1425376_file_Clemens_Economics_and_Emigration_FINAL.pdf,Februar 2014, (Download: 25.10.2014).

USA habe sich die Bevölkerung in den vergangenen 40 Jahren um 106 Millionen Menschen erhöht. 74 Prozent davon (78 Millionen Menschen) seien Zuwanderer und deren Kinder, schreibt er. Dieser Zuzug habe aus Städten dynamische Zentren gemacht.[2] Auch für Deutschland hat das Institut der Deutschen Wirtschaft Köln im Februar 2014 festgestellt, dass Zuwanderung die Wirtschaftskraft und die öffentlichen Haushalte stärke sowie den Wohlstand des Einzelnen fördere.[3] Eine andere Studie des Bonner Forschungsinstituts zur Zukunft der Arbeit (IZA) kam im Jahr 2012 sogar zu dem Ergebnis, dass Einheimische „deutlich zufriedener" seien, wenn sie in Gegenden mit hohem Ausländeranteil wohnten.[4]

„Lieber ärmer mit weniger Migranten"

Trotz dieser einhelligen Botschaften bleibt ein großer Teil der Bevölkerung in den westlichen Ländern kritisch. „Zuwanderern begegnen Deutsche nach wie vor mit großer Skepsis" war das Fazit einer TNS Emnid Umfrage im Auftrag der Bertelsmann Stiftung

---

2   Glaeser, Edward: As Minority Populations Grow, Economix, Explaining the Science of Everyday Life, http://economix.blogs.nytimes.com/2011/04/05/as-minority-populations-grow/?_php=true&_type=blogs&_r=0).5.4.2011, (Download: 25.10.2014).
3   Geis Wido, Kemeny Felicitas: 12 gute Gründe für Zuwanderung, IW policy paper, http://www.iwkoeln.de/de/studien/iw-policy-papers/beitrag/wido-geis-felicitas-kemeny-12-gute-gruende-fuer-zuwanderung-142040IW policy paper 2/ 2014 (Download: 25.10,2014)
4   Akay Alpaslan, Constant Amelie, Giulietti Corrado: The Impact of Immigration on the Well-Being of Natives. Juni 2012, IZA DP Nr. 6630, http://ftp.iza.org/dp6630.pdf (Download: 21.11.2014).

vom Dezember 2012.[5] Nach dem (knappen) Votum der Schweizer gegen Masseneinwanderung im Februar 2014 wurde ängstlich darüber spekuliert, wie eine solche Abstimmung bei uns ausgegangen wäre. Bundesfinanzminister Wolfgang Schäuble forderte die Politik auf, Lehren zu ziehen: „Es zeigt natürlich ein bisschen, dass in dieser Welt der Globalisierung die Menschen zunehmend Unbehagen gegenüber einer unbegrenzten Freizügigkeit haben"[6], sagte er. Auch in anderen europäischen Ländern ist die Sorge vor offenen Grenzen gewachsen, wie der Erfolg immigrationskritischer Parteien in Deutschland, Frankreich, England und anderswo zeigt.

Diese Skepsis schwindet leider nicht allein durch wirtschaftliche Argumente. Was ist zu entgegnen, wenn z.B. Nigel Farage, Vorsitzender der UK Independence Party (UKIP) in Großbritannien, nach einem seiner fulminanten Wahlsiege sagt, er wäre lieber ärmer mit weniger Migranten?[7]. Nicht nur aus dem Spektrum der Protestparteien kommt Gegenwind. In seinem Buch „Exodus – Warum wir die Einwanderung neu regeln müssen" fordert Professor Paul Collier strengere Einwanderungsquoten. Der Direktor des Zentrums für afrikanische Ökonomie der Universität Oxford und ehemalige Leiter der Forschungsabteilung der Weltbank stellt

---

5 TNS Emnid im Auftrag der Bertelsmann Stiftung: Willkommenskultur in Deutschland. Ergebnisse einer repräsentativen Bevölkerungsumfrage in Deutschland. Dezember 2012, http://www.bertelsmann-stiftung.de/cps/rde/xbcr/SID-180CC449-0DB0F9F4/bst/xcms_bst_dms_37165_37166_2.pdf. (Download: 24.11.2014).

6 Schäuble, Wolfgang, ARD, http://www.tagesschau.de/ausland/schweiz-volksabstimmung112.html (Download: 25.10.2014).

7 Holehouse, Matthew: I'd rather be poorer with fewer immigrants, Farage says, Daily Telegraph, 7.1.2014.

die meisten Studien nicht infrage, die der Einwanderung positive Impulse für die Wirtschaft zusprechen. Er meint jedoch, die sozialen Probleme seien vernachlässigt worden. Die Immigration, so Collier, bedrohe den Zusammenhalt unserer Gesellschaften. Sein Buch traf offensichtlich einen Nerv und erreichte auch in Deutschland schon kurz nach Erscheinen den Amazon-Bestsellerstatus.

Kopftuch, Burka und Salafismus

Im Zentrum der Immigrationsdebatte steht also nicht so sehr die Wirtschaft, sondern die Sorge darüber, die Kontrolle über das eigene Umfeld zu verlieren. Zahlreiche Deutsche fürchten, dass Werte und Lebensgewohnheiten, die sie richtig und wichtig finden, durch die Immigration stark unter Druck geraten. Sie sehen das, was sie an ihrem Land schätzen und lieben dahinschwinden (ob berechtigterweise oder nicht). Dieses Gefühl des Verlusts griff Thilo Sarrazin in seinem Buch „Deutschland schafft sich ab", mit dem Untertitel „wie wir unser Land aufs Spiel setzen", geschickt auf. Das Buch ist exemplarisch für die Vermischung der Einwanderungsfrage mit anderen Themen, die unser Zusammenleben betreffen. Es wurde als Plädoyer für die Verteidigung von Werten verstanden, die nicht nur der Autor, sondern viele andere bedroht sehen. Die Immigration, so Sarrazin, habe unser Selbstverständnis mit „autoritären, vormodernen, auch antidemokratischen Tendenzen" konfrontiert.[8] Gemeint sind z.B. der Schleier

---

8   Sarrazin, Thilo: Deutschland schafft sich ab, 10. Auflage, Deutsche Verlags-Anstalt, München, 2010, S. 266.

muslimischer Frauen, der Radikalismus junger Salafisten oder der Ruf nach Gebetsräumen an Schulen.

Die vielen Debatten über kopftuchtragende Lehrerinnen oder den Bau von Moscheen in Wohngebieten zeigen, dass er Recht hat. Durch sie sind wir gezwungen, uns über so grundsätzliche Fragen wie die Religionsfreiheit, den Wert der Toleranz, den Schutz von Minderheiten und die Redefreiheit auseinanderzusetzen: Wo beginnt und wo endet die Toleranz? Dürfen wir verbieten, was uns stört (Stichwort Burka)? Wie viel Fremdheit kann eine Gesellschaft verkraften und wie können wir eigene Werte schützen? Verbotsforderungen erinnern an überholte Zeiten, in denen unbeliebte Minderheiten per Dekret an der Ausübung ihres Glaubens gehindert wurden. Andererseits gilt in einer freiheitlichen Gesellschaft das freie Wort. Es verbietet Zensur, selbst wenn sich andere durch das Geschriebene oder Gesagte beleidigt fühlen könnten (Stichwort: Satanische Verse). Wie sind die Prinzipien der Toleranz und der Redefreiheit miteinander zu vereinbaren?

Welche Werte sind uns wichtig?

All diese Fragen zeigen, dass Einwanderung einen Klärungsprozess auslösen kann, der weit mehr umfasst als nur die Interessen der Zugezogenen. Das ist nichts Neues. Immigration war meist ein anstrengender Prozess, weil er nicht nur die Einwanderer, sondern auch die ansässige Bevölkerung mit Gewohnheiten, Sprachen und Weltanschauungen konfrontiert, die ihnen fremd sind. Was bei „Deutschland schafft sich ab" als unheilvolle Last dargestellt wird, kann als positiver Prozess verstanden werden, denn er zwingt die aufnehmende Gesellschaft, sich mit der eigenen Identität auseinanderzusetzen. Welche Werte sind für uns von zentraler Bedeutung? Sind es die Errungenschaften der Moderne und der Aufklärung? Dazu gehört z.b. die konsequente Verteidigung des freien Worts. Wenn wir feststellen, dass wir unseren, eigenen Ansprüchen nicht immer treu sind, sollten wir uns fragen, ob das wirklich an den Zuwanderern liegt.

In den letzten Jahrzehnten gab es immer wieder Beispiele für Selbstbeschränkungen. Bücher, Theaterstücke oder Filme wurden in vorauseilender Vorsicht zensiert. Im Frühjahr 2014 nahm der Penguin-Verlag das Buch der amerikanischen Indologin Wendy Doniger vom Markt und ordnete an, alle unverkauften Werke zu vernichten, weil radikale Hindus protestiert hatten[9]. Wenige Monate später sah sich die Metropolitan Opera in New York nach Protesten genötigt, eine Kinoübertragung von John Adams Oper „The Death of Klinghoffer" abzusagen. Wie die Zeitschrift „Der Spiegel" im Juni 2014 berichtete, wurde befürchtet, die Oper könne antisemitische Ressentiments entfachen. In Berlin wurde im Jahr 2006 die Aufführung der Oper Idomeneo (Mozart) abgesagt, weil darin die abgeschlagenen Köpfe von Buddha, Mohammed und Jesus zur Schau gestellt werden sollten. Diese Beispiele verdeutlichen, dass freiheitliche Grundsätze durch unsere eigene Verunsicherung unter Druck geraten, auch wenn äußere Einflüsse als Auslöser gelten. Das Zusammenspiel zwischen in-

---

9 Ross, Jan: Hinduistischer Reinheitswahn. In Indien ist der Penguin-Verlag vor religiösen Eiferern eingeknickt. Die Zeit, 20.2.2014, http://www.zeit.de/2014/09/penguin-verlag-indien-hinduismus-eiferer (Download: 25.11.2014).

neren und äußeren Kräften bei der Relativierung von Werten beschreibt der englische Autor Kenan Malik in seinem Bestseller From Fatwa to Jihad. Für ihn war die Affäre um Salman Rushdies Satanische Verse ein Vorbote der späteren Konflikte mit radikalisierten muslimischen Jugendlichen.[10]

Kultur und Identität

Immer wieder waren Staaten mit dem Widerspruch des Selbstschutzes und der Offenheit konfrontiert. Ein Beispiel ist das wohl erfolgreichste und größte aller Einwanderungsländer: die USA. Mitte des 18. Jahrhunderts kamen an die Hunderttausend Deutsche nach Pennsylvania. Die Folge war, dass der Anteil der Deutschen an der Gesamtbevölkerung binnen kürzester Zeit auf über 30 Prozent anstieg. Ganze Dörfer aus der Pfalz hatten sich auf die Reise gemacht. Benjamin Franklin, Aufklärer, Erfinder des Blitzableiters und einer der Wortführer des amerikanischen Unabhängigkeitskriegs soll sich nicht sonderlich über die Neuen gefreut haben: „Warum sollte Pennsylvania, das von Engländern gegründet wurde, eine Kolonie von Fremden werden, die in Kürze so zahlreich sein werden, dass sie uns germanisieren (...)? "[11] Sein Protest war kein Appell zur Abschiebung, sondern ein Aufruf zum Handeln. Franklin forderte, der Germanisierung entgegenzutreten, indem die Kinder der pfälzischen Bauern zur Schule geschickt werden sollten, um Englisch zu lernen. Damit war er offensichtlich erfolgreich.

---

10 Malik, Kenan: From Fatwah to Jihad. The Rushdie Affair and its Legacy. Atlantic Books, London 2009, S. XVII ff.
11 Meier-Braun, Karl-Heinz: Deutschland, Einwanderungsland, edition suhrkamp, 1. Auflage, Frankfurt/M. 2002, S. 12.

Noch größere Probleme bereiteten die 4,5 Millionen Iren, die sich zwischen 1820 und 1920 ins „gelobte Land" aufmachten. Sie waren verarmt, katholisch und radikalisiert durch den Horror der englischen Kolonialisierung. Die ansässige Bevölkerung verband mit ihnen Slums, Trunkenheit, Kriminalität und Terrorismus. Die Probleme waren so groß, dass sie unsere heutigen Erfahrungen in den Schatten stellen könnten. Polizeistatistiken aus New York zeigen, dass 1859 55 Prozent aller Festgenommenen Iren waren.[12] So unbeliebt waren sie, dass Stellenausschreibungen nicht selten die Zusatzklausel „Iren brauchen sich nicht zu bewerben" enthielten. Daran erinnerte einer ihrer berühmtesten Söhne, der spätere 35. Präsident der Vereinigten Staaten, John F. Kennedy, 100 Jahre später, in seinem posthum erschienenen Buch „A Nation of Immigrants". Dort schreibt er: „Die Iren sind vielleicht die Einzigen in unserer Geschichte, denen die Distinktion zukommt, dass sich eine politische Partei gegen sie formierte".[13] Es war die Partei der „Know Nothings", die nur englische Protestanten in ihren Reihen duldete und die irische Einwanderung mit Gewalt zu unterbinden versuchte. Die blutigen Bandenkriege zwischen den protestantischen „Natives" und den katholischen Iren werden in Martin Scorseses Kinofilm Gangs of New York dargestellt. Konflikte dieser Art zwangen die amerikanische Gesellschaft, das Zusammenleben auf eine konstruktivere und tolerante Basis zu stellen. Das erforderte Zuversicht und Kraft. Den Anstrengungen ist es zu verdanken, dass Kennedy die Einwanderung als die größ-

---

12 Harris, Nigel: Thinking The Unthinkable, I.B. Tauris, London, 2002, S. 73.
13 Kennedy, John F.: A Nation of Immigrants, Hamish Hamilton, London, 1964, S. 17ff.

te Erfolgsgeschichte seines Landes bezeichnen konnte. Die Iren wurden übrigens innerhalb weniger Jahrzehnte von der unbeliebtesten zur beliebtesten Volksgruppe der USA: Bei der Volkszählung von 1980 (Census) behaupteten 40 Millionen Amerikaner, irischer Abstammung zu sein. Eine Zahl, die trotz der großen Einwanderungswellen des 19. Jahrhunderts vollkommen überhöht war, wie der Wirtschaftswissenschaftler Professor Nigel Harris schreibt.[14] Was war geschehen? Die Iren waren offensichtlich so beliebt geworden, dass sie bei der Auswahl der eigenen Vorfahren zur Präferenz wurden. Daran zeigt sich, dass Kultur und Identität eben keine festen Eigenschaften sind, sondern wandelbar.

Recht auf Leben, Freiheit und das Streben nach Glück

Nun ist die Situation Amerikas im 18. Jahrhundert nicht mit der heutigen in Deutschland vergleichbar. Die Immigranten trafen in Amerika auf ein Land, das trotz Problemen uneingeschränkt offen für Einwanderer war und dessen Bevölkerung sich durch einen robusten Optimismus auszeichnete. Wie der amerikanische „Schmelztiegel" funktionierte, beschreibt der Historiker Oscar Handlin in seinem wunderbaren Buch „The Uprooted" (Die Entwurzelten). Freiheitliche Grundwerte, die schon im Unabhängigkeitskrieg erprobt und gefestigt worden waren, erlaubten den Neuankömmlingen, ihr Leben weitgehend so zu gestalten, wie sie es für richtig hielten. Das Prinzip der Religionsfreiheit war tief im amerikanischen Selbstbewusstsein verankert. Unzählige re-

---

14 Harris: Thinking the unthinkable, S. 67.

ligiöse Zentren bildeten sich, denn der Glaube war für viele der einzige Anker und Orientierungspunkt in einer fremden Welt (eine Tatsache, die bis heute stimmen dürfte, weshalb wir bei Einwanderern oft eine größere Religiosität erkennen als bei den Daheimgebliebenen). Jede Gruppe gründete ihren eigenen Tempel, ihre Kirche oder ihr Gebetszentrum. Darunter waren deutsche, polnische oder russisch-orthodoxe Juden, Quäker, irische, italienische und polnische Katholiken, Lutheraner, Protestanten, schwäbische oder skandinavische Pietisten usw.

Auch war Integration keine staatlich-hoheitliche Aufgabe, sondern man verließ sich auf die Überzeugungskraft des amerikanischen Lebens. Dieses Selbstbewusstsein fehlt uns heute. Im Deutschland des 21. Jahrhunderts ist von dem Vertrauen in die eigenen Werte nicht viel zu spüren. Was ist mit der Überzeugung, dass sich das Richtige durchsetzt, auch wenn Migranten „rückständige" Ansichten vertreten? Dabei war auch in den Jahren der großen Flüchtlingsströme des letzten und vorletzten Jahrhunderts nichts einfach. Ghettos bildeten sich in den dichtbesiedelten Stadtteilen New Yorks. Es entstanden Slums, die den Mythos, die USA habe den Einwanderern mehr Platz bieten können als das moderne Europa, Lüge strafen. Jeder Nationalität war es möglich, die eigene Kultur zu pflegen. Theater und soziale Treffpunkte entstanden, die zum Teil auch wichtige soziale Funktionen übernahmen und zur Anlaufstelle für die „Entwurzelten" wurden. Einige der bekanntesten Theater der USA, wie das US-Vaudeville, sind auf diese frühen Zeiten zurückzuführen. Die Vorstellungen waren, je nach Wochentag, auf Polnisch, Deutsch, Italienisch, Russisch oder Jiddisch. Selbst große Zeitungen wurden zunächst oft noch in der Sprache der Zugewanderten gedruckt. Joseph Pulitzers auflagenstarkes Blatt „World" richtete sich an die zweite Generation Deutsch-Amerikaner. Der Stifter des renommierten Pulitzer-Preises hatte seine Karriere als Journalist bei deutschsprachigen Zeitungen in Amerika begonnen. Im Unterschied zu heute aber stand hinter diesem ganzen „Chaos" eine positive Vision: „Religiöse Verfolgung, politische Unterdrückung und wirtschaftliche Not waren die Hauptgründe, weshalb sich bis in die späten 50er Jahre über 42 Millionen Menschen nach Amerika aufgemacht hatten. Mit dieser Entscheidung hat jeder Einwanderer auf seine Art – und aus ganz individuellen Gründen – auf das Versprechen der amerikanischen Unabhängigkeitserklärung (Declaration of Independence) reagiert, die ihm das Recht auf Leben, Freiheit und dem Streben nach Glück garantiert."[15]

„Gastarbeiter" oder Bürger?

Auch hier erkennen wir einen wichtigen Unterschied zu heute: Nicht die Frage, welchen unmittelbaren Nutzen die Zuwanderer fürs Land haben steht, im Mittelpunkt, sondern was das aufnehmende Land seinen Bürgern bietet. In den vergangenen Jahren ging es bei uns immer nur um die erste Frage. Selten wird darüber nachgedacht, was die Attraktivität unseres eigenen Lebens ausmacht: Gibt es Lebensgewohnheiten und Freiheitsrechte, die überzeugen und deswegen von Neuankömmlingen oder ihren Kindern übernommen werden? Die Schwierigkeiten beginnen schon damit, dass viel zu oft das Trennende im Mittelpunkt der

---

15 Kennedy: A Nation of Immigrants, S. 6.

Diskussion steht und nicht das, was uns als gemeinsame Bewohner dieses Landes verbindet. Bis vor wenigen Jahrzehnten wehrten sich politische Kräfte dagegen, überhaupt von einem Einwanderungsland zu sprechen. Das Land der „Gastarbeiter" wagte erst zu Beginn des neuen Jahrtausends einen vorsichtigen und, wie die Journalistin Sabine Reul schreibt, halbherzigen Versuch, die Enkel der Zugezogenen als gleichberechtigte Bürger anzuerkennen. In einem Beitrag zur Reform des Staatsbürgerschaftsrechts aus dem Jahr 1999 schreibt sie:

„In Deutschland (...) praktiziert man eine über Generationen anhaltende rechtliche Ausgrenzung von Einwanderern. Entkommen kann ihr nur, wer bereit ist, ein Einbürgerungsverfahren zu durchlaufen, das nicht als Einlösung eines Rechtsanspruchs, sondern immer noch als Zuteilung eines widerstrebend gewährten Privilegs gehandhabt wird. Diese Praxis hat, zusammen mit einer von der Politik über Jahrzehnte gepflegten Kultur der Ausgrenzung (...) von Einwanderern, das Verhältnis zwischen den verschiedenen im Lande lebenden Bevölkerungsgruppen nachhaltig belastet. Sie hat, über die rein formal-rechtliche Benachteiligung hinaus, gravierende soziale Diskriminierung zur Folge. Die zeigt sich u.a. darin, dass hierzulande, anders als in anderen großen Einwanderungsländern wie den USA, England und Frankreich, südländische und nicht-europäische Immigranten in Führungspositionen und gehobenen Berufsgruppen noch immer so gut wie gar nicht anzutreffen sind."[16]

---

16 Reul, Sabine: Stichwort doppelte Staatsbürgerschaft. Die Fehlgeburt einer Reform und die Quittung der Wähler. Novo 39, April 1999, http://www.novo-

Eine Konsequenz dieser Politik war, dass sich manche türkische Einwanderergruppen tatsächlich von der Mehrheitsgesellschaft abkoppelten und gefährlich isolierten. Wenn junge Musliminnen der dritten Einwanderergeneration wieder Kopftuch tragen, obwohl ihre Mütter das nicht taten, so können wir das nicht allein auf ihre Herkunft zurückführen. Was genau ist es, in das sich Türken oder Araber integrieren sollten? Mehr als der Hinweis, jeder müsse Deutsch lernen, fällt den Wenigsten ein. Doch sieht so Inspiration und Überzeugungskraft aus? Zum Glück können wir davon ausgehen, dass sich unsere Gesellschaft seit 1999 geöffnet hat, denn türkische oder arabische Führungskräfte in Wirtschaft und Politik sind keine ganz große Ausnahme mehr.

Kleinster gemeinsamer Nenner?

Wie aber können wir, um auf unser Ausgangsthema zurückzukommen, in unserer heutigen Zeit überzeugend für offene Grenzen werben? Nicht, indem wir die Themen ignorieren, die für viele Deutsche wichtig sind. Die Abgrenzung zu Fremden ist für zahlreiche Bürger Teil eines kollektiven Zugehörigkeitsgefühls. Eine Multikulti-Ideologie, die die kulturellen Unterschiede hervorhebt und so tut, als könnten wir uns alle auf den kleinsten gemeinsamen Nenner des Zusammenlebens einigen, verstärkt das Abgrenzungsbedürfnis.[17] Interessant sind in diesem Zusammenhang die Parallelen zwischen „Deutschland schafft sich ab" und Paul

---

magazin.de/39/novo3910.htm (Download:10.10.2014).
17 Roy, Olivier: Heilige Einfalt. Über die politischen Gefahren entwurzelter Religionen, 1. Auflage, Siedler Verlag, München, 2010, S. 97

Colliers „Exodus". Beide Autoren verstehen sich als Gegner eines, in ihren Augen, zerstörerischen Trends, der alte Tugenden wie Zuverlässigkeit, Hilfsbereitschaft, Solidarität oder auch Fleiß untergraben habe. Die Gutmenschen, die die Immigration um jeden Preis forderten, hätten diesen Trend in Gang gesetzt und die Gesellschaft geschwächt.

Collier, der vorsichtiger, klüger und weniger stigmatisierend argumentiert als Sarrazin, sieht vor allem die sozialen Errungenschaften seines Landes in Gefahr. Das Nationale Gesundheitssystem (NHS) z.B. sei die populärste öffentliche Institution Großbritanniens. Das fragile Gleichgewicht zwischen den unterschiedlichen Interessensgruppen, die das Gesundheitswesen stützten und finanzierten sei durch die massive Zuwanderung, z.B. von Polen, aufgeweicht worden. Während Kooperation und der Sinn für das Gemeinwohl früher wichtig für die Menschen gewesen seien, habe sich heute eine ungesunde Anspruchshaltung durchgesetzt, schreibt Collier. Jeder kleine Fehler eines Pflegers oder Arztes des NHS ende in einer Entschädigungsforderung. Darin sieht der Autor (nicht ganz zu Unrecht) einen Verfall der Kultur des Vertrauens und des Zusammenhalts. Wer auf eine Klage verzichte, werde als dumm bezeichnet, weil er etwas verschenke. Damit aber werde ein Teufelskreis ausgelöst, der das Gesundheitswesen, das allen gedient habe, zerstört. Verursacht habe diesen Zustand die hohe Diversität der Gesellschaft. Deswegen müsse bei der Immigration darauf geachtet werden, dass eine verkraftbare Größe nicht überschritten werde und es nicht zu Gruppeneinwanderungen käme.[18]

---

18 Collier, Paul: Exodus: Warum wir Einwanderung neu regeln müssen (German

Multikulti als Lebensstil

Beide Bücher (Sarrazins und Colliers) können als Streitschriften verstanden werden, die sich gegen eine Politik richten, der sie vorwerfen, die Interessen der „schweigenden Mehrheit" zu lange ignoriert zu haben. Sie wenden sich gegen eine selbstherrliche Elite, die ihrer Meinung nach einen viel zu großen Einfluss auf die Politik ausübe. Diese Elite habe den Selbsterhaltungswillen der Gesellschaft missachtet. Der englische Publizist David Goodhart bläst ins gleiche Horn und spricht von einer „städtisch-liberalen Schicht", die hochnäsig auf andere herabschaue, die den Preis der Zuwanderung zu zahlen hätten (zum Beispiel in Form höherer Mieten oder einer Verschlechterung ihres Wohnumfelds). Ganz falsch liegt Goodhart mit seiner Beschreibung der Schichten nicht. Die „anderen" sind die eher traditionell orientierten Teile der Bevölkerung. Es sind auch diejenigen, die um ihren Arbeitsplatz eher fürchten müssen, als die gutsituierte Mittelschicht. Sie sind, wie oben erwähnt, nicht begeistert von einem kosmopolitischen, „multikulturellen" Lebensstil. Schlimmer noch: Sie merken, dass sie wenig ernst genommen werden von einer selbstzufriedenen urbanen „Elite", die sich als etwas Besseres fühlt Nicht selten schottet sich diese „privilegierte" Gruppe in ihrem Multikulti-Kiez bewusst von der Mehrheitsbevölkerung ab (zumindest bis die Kinder zur Schule kommen und dann doch ein ruhigerer Stadtteil bevorzugt wird). Dadurch aber wird die Immigration zu einer Lebensstilfrage. Die Folge ist, dass wir einen Streit

Edition), Kindle Edition, Siedler Verlag, 29. 9. 2014, Location 901, S. 68.

erleben, der mit dem eigentlichen Thema der Zuwanderung nicht viel zu tun hat. Vielmehr wird ein kultureller Konflikt ausgetragen, an dem kein Immigrationsbefürworter ein Interesse haben kann.

Zuwanderung und nationale Souveränität

Das Ärgerliche dabei ist, dass die Öffentlichkeit, wenn es um Zuwanderung geht, tatsächlich wenig eingebunden wird. Der Eindruck, die Immigration werde einer skeptischen Öffentlichkeit aufgedrängt, hat Immigrationskritikern in den letzten Jahren den größten Auftrieb gegeben. Ein Beispiel war die Öffnung der Grenzen für Arbeitsmigranten aus Rumänien und Bulgarien Anfang des Jahres 2014. Mit dem Willen der Bürger hatte dies wenig zu tun, denn sie wurde uns als ein bürokratischer Akt verkauft, der Vorgaben und Beschlüsse aus Brüssel umsetzt. Statt aktiv für die Grenzöffnung zu werben, versuchten die Parteien, das Thema möglichst von der Öffentlichkeit fernzuhalten. Eine solch technische Herangehensweise funktioniert nicht, denn sie ruft geradezu nach Opposition. Zwar wiesen namhafte Forschungsinstitute und Wirtschaftsvertreter auf die Vorteile der Grenzöffnung hin. So sagte z.B. der Vize-Hauptgeschäftsführer des Deutschen Industrie- und Handelskammertages (DIHK), Achim Dercks, der Rheinischen Post: „Die Unternehmen haben in vielen Bereichen weiterhin Schwierigkeiten, qualifiziertes Personal zu finden - da sind Zuwanderer sehr willkommen". Auch stand schon kurz nach der Grenzöffnung fest, dass die Arbeitslosigkeit in Folge der Grenzöffnung nicht steigen würde (Im September 2014 lag sie sogar geringfügig unter dem Wert des Vorjahres)[19] Im Laufe des Jahres 2014 bestätigte sich, dass Bulgaren und Rumänen mehr in die Sozialkassen eingezahlt als empfangen hatten.[20] Doch diese Statistiken wurden meist als Beschwichtigungsmanöver einer Unternehmerschicht wahrgenommen, die in der Migration eine Möglichkeit sah, billige Löhne durchzusetzen. Entscheidend war, dass für die Grenzöffnung durch die Politik nicht aktiv geworben wurde. Statt im eigenen Recht für die Arbeitnehmerfreizügigkeit einzutreten, versteckte sich die Regierung hinter Brüssel und Schengen. Auf die Unterstützung der breiten Bevölkerung wurde unklugerweise verzichtet. Die Konsequenz war, dass die Grenzöffnung nicht gefeiert, sondern als notwendiges Übel wahrgenommen wurde. Statt den Freiheitsgewinn vieler Europäer zu begrüßen, wurde darüber spekuliert, ob die Städte den Zustrom verkraften könnten, was der Debatte einen außerordentlich begrenzten Charakter verlieh.

Entfremdung oder Überfremdung?

Wer nicht für seine Politik wirbt und die geistige Auseinandersetzung mit dem Bürger sucht, schafft ein politisches Vakuum, das

---

19 Statista 2014, Das Statistik Portal 2014, http://de.statista.com/statistik/daten/studie/1239/umfrage/aktuelle-arbeitslosenquote-in-deutschland-monatsdurchschnittswerte/ (Download: 25.10.2014).
20 Brücker Prof. Dr., Herbert, Hauptmann, Andreas, Vallizadeh, Ehsan: Zuwanderungsmonitor Bulgarien und Rumänien, Institut für Arbeitsmarkt- und Berufsforschung. Die Forschungseinrichtung der Bundesagentur für Arbeit, September 2014, http://doku.iab.de/arbeitsmarktdaten/Zuwanderungsmonitor_1409.pdf (Download 10.10.2014).

von anderen ausgefüllt wird. Es gibt zurzeit wohl kaum ein Thema, welches mehr mit den Defiziten demokratischer Mitsprache in Verbindung gebracht wird als die Zuwanderung. Das ist eine Tragik! Die Erfolge immigrationskritischer Bewegungen sind nicht zuletzt darauf zurückzuführen, dass geglaubt wurde, man könne Politik machen, ohne für sein Anliegen zu werben. Schon 1999, als die rot-grüne Bundesregierung das Einbürgerungsgesetz reformieren wollte, unterlag sie diesem Irrtum. Als die hessische CDU die Unterschriftenkampagne gegen die doppelte Staatsbürgerschaft begann, reagierte die Regierung vorwiegend defensiv. In einem „Frankfurter Aufruf" wehrten sich Teile der Grünen und der SPD dagegen, dass sensible Fragen wie die Einbürgerung auf der Straße diskutiert werden sollten. Doch gerade da gehören die Debatten über sensible Fragen hin. Anstatt sich der Herausforderung zu stellen, wurde die Initiative weitgehend einer CDU überlassen, die Bürgernähe demonstrieren konnte und in Hessen einen Wahlsieg davontrug.

Wie eng die Themen Immigration und Mitbestimmung verknüpft sind, verdeutlichte auch ein Plakat der AfD beim Europawahlkampf 2014, auf dem zu lesen war: „Die Schweiz ist für Volksentscheide. Wir auch". Die Botschaft war klar: Während in der liberalen Schweiz die Bürger über Einwanderung und Minarette mitbestimmen dürfen, wird dies den Deutschen vorenthalten. Deswegen muss es bei der Immigrationsdebatte auch um Souveränität und um die Frage gehen, wer die Entscheidungen im Land treffen darf. Die Debatte über offene Grenzen ist zu einem Katalysator für Unzufriedenheit geworden. Oft geht es dabei überhaupt nicht mehr um die Zuwanderung, sondern um den Widerstand gegen Bevormundung. Für Wähler, die das Gefühl haben, nicht mehr gefragt zu werden, wenn es um die Zukunft ihres eigenen Landes geht, ist die Immigration zum „Blitzableiter der Entfremdung"[21] geworden. Wer ernsthaft für offene Grenzen werben möchte, muss daher das Thema Mitbestimmung auf die Tagesordnung setzen und auf die Kraft der eigenen Argumente vertrauen. Als Lichtblick in schwierigen Zeiten kann das Ergebnis der Schweizer Volksabstimmung gegen „Masseneinwanderung" durchaus gewertet werden: 50,3 Prozent der Schweizer unterstützten zwar die Initiative der national-konservativen SVP. Doch dieser Mehrheit stand eine ziemlich große Minderheit gegenüber, die sich offensichtlich nicht gegen Masseneinwanderung aussprechen wollte. Das ist kein ganz schlechtes Ergebnis und spricht für das Land, in dem jeder vierte Bewohner Zuwanderer ist. Darf eine Bevölkerung also entscheiden, die Grenzen des eigenen Landes zu schließen? Ja, das darf sie. Wir glauben jedoch nicht, dass sie es tun sollte. Warum? Weil wir meinen, dass von der Immigration positive Impulse ausgehen, die für alle wichtig sind.

Zusammenbruch des Nachkriegskonsens

Doch auch wenn wir Collier, Goodhart und anderen Recht geben, dass die Immigration zu lange eine Sache der Eliten war, irren sie sich darin, alle Schwierigkeiten mit der Einwanderung in Verbindung zu bringen. Unser Blick verzerrt sich, wenn er durch

---

21 Waterfield, Bruno: Who should control our borders? Battle of Ideas, London 18.10. 2014, http://www.battleofideas.org.uk/2014/session_detail/8952 (Download, 27.11.2014).

die Linse der Immigration erfolgt. Die Probleme, mit denen wir heute kämpfen, sind hausgemacht und haben nichts mit der kopftuchtragenden Muslimin zu tun. So geht der Druck, der auf dem Britischen NHS lastet weit zurück. Er hat viel mit dem Zusammenbruch des Nachkriegskonsenses zu tun, der in den späten 60er und frühen 70er Jahren begann und vom Ende des weltweiten Wirtschaftsaufschwungs begleitet wurde (Stichworte: Ölkrise, Zusammenbruch des Bretton Woods Systems, einsetzende Massenarbeitslosigkeit, Club of Rome und Zukunftspessimismus). Collier begründet seine Position mit den Untersuchungen des amerikanischen Soziologen Robert Putnam. Putnam hat nachgewiesen, dass das soziale Engagement nachlässt, je vielfältiger eine Gesellschaft ist. Diese Untersuchungen beschränken sich aber auf einen relativ kurzen historischen Zeitrahmen, bei dem sich viele Veränderungen überschneiden. So ging die Zunahme der Immigration mit sozialen und politischen Umwälzungen einher, die das Zusammenleben weit stärker beeinflusst haben dürften als die Migration. Mit dem Ende des Kalten Krieges sind überall in der westlichen Welt die großen Institutionen der Nachkriegszeit in eine Krise geraten. Das Ende der Ideologien hat Spuren bei den Parteien, den Gewerkschaften und den Kirchen hinterlassen. Alle mussten Mitgliederschwunde hinnehmen. Keine der ehemaligen Volksparteien kann sich mehr auf ihr klassisches Milieu stützen. Das, und nicht die Vielfalt, hat zu Individualisierung geführt. Sie wirkt sich nicht nur auf das Gesundheitssystem aus, sondern auf den gesamten Wohlfahrtsstaat, der mit seinem ursprünglichen Auftrag nur noch wenig zu tun hat. Statt Menschen zu helfen, die in Not geraten sind, füllt er die Lücke aus, die das Ende der klassischen Politik hinterlassen hat. Er ist zu einem Instrument des Staates geworden, mit dem er den Kontakt zum Bürger sucht: „Das heutige Wohlfahrtsmodell basiert auf der therapeutischen Prämisse, wonach im Grunde alle Menschen in unterschiedlichem Ausmaß von einem omnipräsenten Staat und seinen Institutionen beraten, betreut und zu einem gesünderen und besseren Lebensstil erzogen, verführt oder gedrängt werden müssen. Gefördert wird Abhängigkeit und Entsolidarisierung statt Unabhängigkeit und gesellschaftliches Miteinander", heißt es im Freiheitsmanifest des Think Tanks Freiblickinstitut.[22] Es mag sein, dass die Immigration die sichtbarste Veränderung darstellt, die unser Leben betrifft. Die wirklichen sozialen Umwälzungen aber finden auf einer ganz anderen Ebene statt.

Kampf der Kulturen

Deswegen ist auch die Behauptung, eine zu starke Einwanderung untergrabe die Werte und die Stabilität des Westens, zu einfach. Sie ist eine bagatellisierte Variante der „Clash of Civilizations"-These, wie sie in den 1990er Jahren von Samuel Huntington in den USA entwickelt wurde. Die Immigration und die Existenz von Parallelgesellschaften wird als eine Art Trojanisches Pferd des Kulturkonflikts dargestellt. Das Gute und Überlegene, so die Logik, breche zusammen, wenn das Fremde ein bestimmtes Maß übersteige. Die positiven Impulse der Zuwanderung wenden sich laut Collier ins Gegenteil, wenn sie einen bestimmten, kritischen

---

22 Beppler-Spahl, Horn, Reul, Richardt, Rogusch, Spahl: 13 Thesen für die Freiheit, Freiblickinstitut. Ideen für eine bessere Zukunft, November 2013, http://freiblickinstitut.de/manifest/ (Download: 27.11.2014).

Grenzwert überschritten habe. Dahinter verbirgt sich die Auffassung, dass Minderheitengesellschaften per Definition homogene Einheiten sind, denen die Kultur und der Glauben ihrer Herkunft anhaften. Die Realität ist komplexer. Als Kind deutscher Eltern geboren zu werden, stellt keine Garantie dar, ein freiheitsliebender oder fortschrittlicher Mensch zu werden. Einem anderen Kulturkreis zu entstammen, bedeutet andersherum nicht, zeitlebens die Institutionen der liberalen Demokratie abzulehnen und zu unterwandern. Identität und Kultur sind keine zeitlosen Wesensmerkmale. Sie entwickeln und verändern sich je nach historischer Begebenheit. Wer glaubt, die Ausgrenzung Fremder bewahre eine Gesellschaft davor, sich ständig mit ihren Werten auseinanderzusetzen, der tut so, als seien uns diese Werte in den Pass geschrieben oder angeboren – ähnlich wie unsere Augenfarbe. Die wirklichen Konfliktlinien verlaufen nicht zwischen unterschiedlichen Kulturen, sondern innerhalb der Kulturen (wie wir an den harten Auseinandersetzungen über die Rolle wirtschaftlichen Wachstums, ökologischer Lebensstile, der richtigen Erziehung und vielem anderen sehen).

Der Streit über die Schulen verdeutlicht dies. Die Bildung nimmt bei „Deutschland schafft sich ab" eine prominente Stellung ein, denn auf den ersten Blick sieht es so aus, als zögen die Migrantenkinder die Bildung nach unten. Sie sind, in der Tat, immer noch die größten Bildungsverlierer: Bis heute wird darüber geklagt, dass ausländische Schüler an den Hauptschulen mit 27,5 Prozent überrepräsentiert sind und zu häufig (11,6 Prozent) die Schule ohne Abschluss verlassen (vgl. FAZ 30.10.2014). Doch der Blick auf türkische Jungs lenkt davon ab, dass bei uns seit Jahren eine

Auseinandersetzung darüber tobt, wie und was gute Bildung ist: Was müssen Schulen leisten? Geht es um Wissensvermittlung oder nicht? Brauchen wir mehr Abiturienten oder sollten wir das berufliche Ausbildungssystem aufwerten? Dürfen Lehrer Schüler bestrafen? Ist eine Kind-zentrierte Bildung besser als eine, die auch auf Disziplin setzt usw.? Während eine Schulreform nach der anderen eingeführt und wieder rückgängig gemacht wird, geben Eltern Studien zufolge pro Jahr Milliarden für die private Nachhilfe aus.[23] Damit versuchen sie den Einfluss einer Schule auszugleichen, die offensichtlich viele Kinder nicht mehr ausreichend fördert. All das spricht mehr für Bildungsverwirrung als für ein Bildungssystem, das sich seiner eigenen Ziele und Verantwortungen bewusst ist. Die Konsequenz ist, dass es leider längst nicht mehr reicht, sich darauf zu verlassen, dass unsere Schulen die besten Begabungen des Kindes hervorbringen. Stattdessen setzt das deutsche System (zumindest während der entscheidenden Grundschuljahre) stark auf die Einbeziehung von Müttern und Vätern. Von Eltern wird erwartet, dass sie Ersatzlehrer spielen, Hausaufgabenhilfe leisten und auch sonst, wenn nötig, ihre Kinder schulisch fördern. Deswegen klagen Eltern, auch solche aus ärmeren Haushalten, auffällig oft über die vielen Stunden, die sie am Nachmittag mit ihren Kleinen verbringen, um Rechnen, Schreiben oder Lesen zu üben.[24] Diese enge Verknüpfung zwischen

---

23 Klemm Prof. em. Dr., Klaus, Klemm, Annemarie: Ausgaben für Nachhilfeteurer und unfairer Ausgleich für fehlende individuelle Förderung. Bertelsmann Stiftung, Gütersloh 2010, S. 7.
24 Beppler-Spahl, Sabine: Von Tigermüttern, Großkatzen und anderen Eltern, MiGAZIN, 22.3.2012, http://www.migazin.de/2012/03/22/von-tigermuttern-groskatzen-und-anderen-eltern/ (Download, 27.11.2014).

Schule und Elternhaus ist ein sicheres Mittel, den Bildungserfolg stärker an den familiären Hintergrund zu binden.[25] Sie stellt nicht unbedingt eine Empfehlung für das deutsche Schulsystem dar. Familien, die ein eher traditionelles Verhältnis zur Schule haben und sich darauf verlassen, dass ihre Kinder dort alles lernen, was sie für den eigenen Erfolg benötigen, sehen sich bitter enttäuscht. Wie sich das auf muslimische Kinder auswirkt, deren Eltern oft dieses klassische Verständnis von Schulen haben, hat eine Studie der Konrad-Adenauer-Stiftung vor einigen Jahren beschrieben. Wer also wie Thilo Sarrazin behauptet, diese Kinder seien das größte Problem unseres Bildungssystems, stellt die Realität auf den Kopf.

Fortschrittspessimismus

Besonders auffällig an vielen Debatten über Zuwanderung ist ihr negativ-pessimistischer Tonfall. Auch das hat mehr mit unserer eigenen Weltsicht zu tun als mit denen, die zu uns kommen (die sich ganz im Gegenteil oft durch einen zuversichtlichen Blick auf die Zukunft auszeichnen). Optimisten haben bei uns einen schwereren Stand, denn der Glaube an sozialen und wirtschaftlichen Fortschritt ist verpönt. Wie fremd klingt in unseren Ohren die Überzeugung eines Robert Kennedy, der im Vorwort zum Buch seines Bruders schrieb: „Unsere Einstellung zur Immigration reflektiert unseren Glauben in das amerikanische Ideal. Wir haben immer daran geglaubt, dass es für Männer und Frauen, die ganz

---

25 Dahrendorf, Ralf: Bürgerrecht. Plädoyer für eine aktive Bildungspolitik, Nannen-Verlag, 1965.

unten anfangen, möglich ist aufzusteigen – soweit es ihr Talent und ihre Energie zulassen". Wir dagegen leben in einer Zeit, die nicht durch Aufstiegshoffnungen sondern durch Abstiegsängste geprägt ist. Das zeigt sich deutlich in unserer Einstellung zur Immigration. Wer heute arm ist, so der Grundtenor auch eines Paul Collier, wird morgen wahrscheinlich noch ärmer sein oder andere Probleme haben.

Immigrationsgegner wie Marine Le Pen, die Vorsitzende des Front National in Frankreich, beschwören sehr erfolgreich die Angst vor einem Verdrängungs- und Verteilungswettbewerb zwischen der einheimischen und der zugewanderten Bevölkerung. Das passt zur vorwiegend pessimistischen Sicht auf die Zukunft. Es ginge nicht, sagte sie in einer Rede, dass die kurdische Familie mit fünf Kindern und drei Euro in der Tasche Vorrang vor der französischen Witwe habe, die nicht mehr ein noch aus wisse. Ihre Rolle sei es, so die Politikerin, erst einmal an ihre Mitbürger zu denken.[26] Diesem Argument verdankt sie einen Großteil ihrer Popularität. Schuld an der Misere der Witwe ist aber nicht die kurdische Familie, sondern die wirtschaftliche Stagnation des Landes, die sich durch einen kleinmütig-knauserigen Blick auf Zuwanderer nicht verändern wird. Das Gegenteil ist zu erwarten, denn die Probleme lassen sich nicht lösen, wenn auf andere gezeigt wird.

Leider hat das Argument der Verdrängung auch weit über rechte

---

26 Welter, Ursula: Ausländer raus, Rentner rein und Schluss mit der Großzügigkeit. Marine Le Pen auf Stimmenfang im Norden Frankreichs. Deutschlandfunk, Podium, 24.10.2013.

Kreise hinaus Unterstützer gefunden. Selbst gewerkschaftsnahe Gruppen sind nicht immun dagegen. Sie beschwören das Bedrohungsszenario in Form des „Lohndumpings". *Das kritische Jahrbuch 2011/2012* der Nachdenkseiten z.B. enthält einen Artikel, der gegen die Arbeitnehmerfreizügigkeit von Polen, Letten, Esten, Slowaken usw. wettert (die Freizügigkeit für diese EU-Mitgliedsländer gilt seit Mai 2011). In einem Beitrag mit der Überschrift „Lolek und Bolek ante Portas" wird behauptet, der deutsche Arbeitsmarkt verkrafte keine hohe Zuwanderung. Die gewählte Rhetorik soll dem Ganzen einen scheinbar radikalen Glanz verleihen: „Warum trommeln die neoliberalen Mietfedern (...) derart euphorisch für die Öffnung des Arbeitsmarktes? Natürlich erhoffen sich die Arbeitgeber durch eine Ausweitung des deutschen Arbeitsmarktes von Tallinn bis nach Szeged eine weitere Senkung des Lohnniveaus"[27], heißt es. Soll so vielleicht die Verantwortung der Gewerkschaft, die die Lohnzurückhaltung in der Dekade seit 2000 mitgetragen hatte, heruntergespielt werden? Die Warnungen haben sich unterdessen als falsch erwiesen. Im Zeitraum nach der Öffnung der Grenzen im Mai 2011 sank die Arbeitslosigkeit, während die Reallöhne ab 2010 zum ersten Mal wieder kurzzeitig anstiegen.[28] Ähnlich sah es in Großbritannien aus, das schon 2004, lange vor Deutschland, eine Politik der offenen Tü-

---

27 Berger, Jens: Lolek und Bolek ante Portas. In Müller, A., Lieb, W. (Hg.): Nachdenken über Deutschland. Das kritische Jahrbuch 2011/2012, Westend Verlag, Frankfurt 2011, S. 34.
28 Dpa: Lohnentwicklung. Reallöhne in Deutschland steigen weiter, Handelsblatt, 7.2.2013, http://www.handelsblatt.com/politik/konjunktur/nachrichten/lohnentwicklung-realloehne-in-deutschland-steigen-weiter/7750486.html (Download: 25.10.2014).

ren für die neuen EU-Mitgliedsländer verfolgte. Weit über eine halbe Million Polen kamen innerhalb kürzester Zeit, ohne dass es einen wahrnehmbaren Verdrängungseffekt gab. Wie überall auf der Welt ergänzten die Zugezogenen den Arbeitsmarkt, statt ihn zu verkleinern. Sie übernahmen Tätigkeiten, für die es nicht genügend heimische Bewerber gab oder erweiterten den Dienstleistungssektor. In England arbeiteten die Polen in der häuslichen Krankenpflege oder im Baugewerbe. Zum ersten Mal seit er in London lebte, sagte der frühere Oberbürgermeister Ken Livingstone während einer Fernsehdebatte, wäre es möglich gewesen, in der Stadt einen Klempner zu finden.[29]

Masseneinwanderung und die Forderung nach Quoten

Am konsequentesten vertritt die Initiative Ecopop aus der Schweiz die Ideologie der Verdrängung aufgrund begrenzter Ressourcen. Sie sieht eine Verbindung zwischen Einwanderung, Umweltschutz und Bevölkerungswachstum. Jeder Zugezogene verstärke den Druck auf die Ressourcen, lautet ihre Botschaft. Ökonomisch und ökologisch sei die „unkontrollierte Einwanderung" nicht mehr vertretbar. Auf ihrer Webpage steht: „Seit 2007 wächst die Wohnbevölkerung der Schweiz jedes Jahr um 88.000 Personen (dies entspricht der Stadt Luzern). Jede Sekunde wird

---

29 Livingstone, Ken: Let Them Come: We Have Nothing to Fear From High Levels of Immigration, intelligence2. http://www.intelligencesquared.com/events/we-have-nothing-to-fear-from-high-levels-of-immigration/ (Download: 27.11.2014).

hierzulande ein Quadratmeter Naturfläche zubetoniert"[30]. Ecopop fordert daher, die Nettoeinwanderung auf 0,2 Prozent der ständigen Wohnbevölkerung zu begrenzen. Es ist anzunehmen, dass die Initiative bei der bevorstehenden Abstimmung scheitern wird. Trotzdem ist sie exemplarisch für das Denken in engen Grenzen. Diese Argumentation geht von der Prämisse aus, Menschen seien nichts anderes als Naturzerstörer und Ressourcenverschwender. Im Mittelpunkt steht ein statisches Weltbild, bei dem unsere Ressourcen als von vornherein begrenzt angesehen werden. Die einzige Variable, mit der wir unsere Umwelt beeinflussen können, ist dieser Logik zufolge die Zahl der Menschen oder die Größe der Bevölkerung. Jede Zuwanderung wird als Belastung empfunden, die den Kuchen kleiner macht (weil er unter immer mehr „Genießern" verteilt werden muss). Dieses Modell unterliegt aber einem gedanklichen Fehler: Menschen verbrauchen nicht nur Ressourcen, sondern erschaffen sie auch, denn durch Erfindungen, Entdeckungen und technische Innovationen konnten neue Energiequellen erschlossen, bessere Waren hergestellt und auch die Umwelt effektiver geschützt werden. Der statischen Rechnung muss die Variable der menschlichen Gestaltungsfähigkeit hinzugefügt werden. Deswegen geht eine größere Bevölkerungsdichte keinesfalls notwendigerweise mit einem Verlust an Lebensqualität einher. Um dies zu verdeutlichen, hier ein Rechenbeispiel: Fänden sieben Milliarden Menschen (Erdbevölkerung) auf 357.121 Quadratkilometern Platz (Größe der Bundesrepublik),

---

30 Ecopop: https://publixphere-stage.liqd.net/i/partizipation-de/.../337.../history (Download: 15.5.2014).

dann hätten wir eine Bevölkerungsdichte von 19.601 Einwohner pro Quadratkilometer. Die Bevölkerungsdichte von Paris beträgt 21.289, die von Manhattan 27.476 Einwohner pro Quadratkilometer. Selbst wenn sich also jeder Erdbewohner nach Deutschland aufmachen würde, wäre unser Land noch weniger dicht besiedelt als Manhattan oder Paris – beides Orte, an denen es sich gut leben lässt. Dieses Szenario ist selbstverständlich vollkommen unrealistisch. Es soll damit keinesfalls gesagt werden, dass das Leben auf dem Land oder in der Kleinstadt schlecht ist. Das Beispiel hilft aber, das Bild vor der Begrenztheit unserer Aufnahmefähigkeit zu relativieren.

Auch die Behauptung Paul Colliers, es gebe eine „optimale" Einwanderungsgröße, die bei der Festlegung von Quoten zu berücksichtigen sei, lässt Fragen aufkommen. Wer sollte die Quoten festlegen? Auch dies spricht für ein starres, unflexibles Weltbild, das die Ökonomen Michael Clemens und Justin Sandefur zu Recht kritisieren: „Colliers Ängste, dass die Immigration eines Tages den Untergang dicht besiedelter Staaten besiegeln würde, werden durch die Realität widerlegt. Massive Zuwanderung kann sich sogar als Segen für ein Land erweisen. Das dramatischste Beispiel stellt das Ende der Rassentrennung in Südafrika dar. Mit dem Ende der Apartheid 1994 kamen unzählige Migranten, die zuvor in fernen, ländlichen Gebieten angesiedelt worden waren, in die Städte zurück. Sie kamen in großen Scharen und standen im Wettbewerb mit der weißen Bevölkerung um Arbeitsplätze. Die Größe dieser Migrationsbewegung stellt Colliers schlimmste Ängste (...) in den Schatten." Dennoch, so die Ökonomen, sei das Durchschnittseinkommen der schwarzen Südafrikaner in den

Jahren 1993 bis 2008 um 61 Prozent gestiegen. Für weiße Südafrikaner sei das Einkommen in der gleichen Zeit nicht etwa gesunken, sondern um unglaubliche 275 Prozent gestiegen.[31] Nicht absolute Zahlen entscheiden darüber, ob sich eine Einwanderung positiv oder negativ auf eine Volkswirtschaft auswirkt, sondern die Frage, wie dynamisch die aufnehmende Gesellschaft ist. Paul Collier geht es, wie bereits oben erwähnt, nicht um die Frage, ob die Immigration gut oder schlecht für die Wirtschaft ist. Das wirtschaftliche Argument zeuge von Verachtung für alle, die durch die Einwanderung benachteiligt würden, schreibt er. Das seien z.B. die in den Heimatländern der Auswanderer Zurückgebliebenen Er wolle Vorschläge erarbeiten, wie die Interessen der jeweils Betroffenen (das sind die Einwanderer, die in der Heimat Zurückgebliebenen und die aufnehmende Gesellschaft) in einen optimalen Einklang zu bringen seien. Die Auswanderer steckten zwar den Löwenanteil des ökonomischen Gewinns ein, weil sie ihre Gehälter durch den Umzug in ein reicheres Land oft um ein Vielfaches erhöhen könnten. Doch die Kosten für die Zurückgebliebenen – das seien die Alten, Kranken, Frauen und Kinder – müssten in die Rechnung einfließen. Emigration bezeichnet er daher als „egoistischen Akt". Die Herkunftsländer, so Collier, stünden vor dem Problem, ihre besten arbeitsfähigen Bürger zu verlieren. Für manche Länder wirke sich dies, unter dem Strich, positiv aus, weil die Auswanderer mit neuen Erfahrungen und Fähigkeiten zurückkehrten. Andere profitierten davon, dass Migranten Gelder in ihre Heimat überwiesen, so der Autor. (Dabei handelt es sich um

---

31 Clemens, M., Sandefur, J.: Let the People go. The problem with strict migration limits. Foreign Affairs, Januar/Februar 2014.

die sogenannten Remittance Payments, die laut Schätzungen der Weltbank im Jahr 2012 über 400 Milliarden US-Dollar betrugen und damit die weltweite Entwicklungshilfe bei weitem überstiegen). Doch für die meisten Staaten sei der Nettoeffekt negativ, weil die Vorteile die Verluste nicht ausgleichen könnten. Colliers Berechnungen zufolge mussten Länder wie Ghana, Vietnam, Liberia usw. in den vergangenen Jahren wegen der Emigration Nettoverluste hinnehmen. Für ihn ist es daher moralisch gerechtfertigt, den „Exodus" aus diesen Staaten zu stoppen.

Ausdruck des Freiheitswillens

Doch was soll daran gut sein, Menschen mit Gewalt daran zu hindern, ihr Glück zu suchen? Wir bejahen die Einwanderung auch und gerade, weil wir in ihr einen Akt der Selbstbestimmung und Ausdruck des freien Willens sehen. Wer seine Koffer packt und seine Heimat verlässt, zeigt, dass er sein Schicksal selbst in die Hand nimmt und sich nicht mit den Bedingungen des Hier und Jetzt abfinden möchte. Emigration ist eine der deutlichsten (und ältesten) Bekundungen menschlicher Gestaltungskraft. Indem wir für offene Grenzen eintreten, wehren wir uns dagegen, dass Individuen, wie in Diktaturen, daran gehindert werden, über ihr Leben selbst zu bestimmen. Wer wollte Menschen verbieten, sich dort niederzulassen, wo sie glauben, ihr Potenzial am besten entfalten zu können? Wer hätte es einem DDR-Flüchtling übelgenommen, dass er seine Familie zurücklassen musste?

Wir können davon ausgehen, dass auch heute noch jeder, der sich für Auswanderung entscheidet, wohlüberlegt handelt. Niemand verlässt leichtfertig seine Heimat. In den meisten Fällen wird er von seiner Familie ermutigt. Weiß Paul Collier besser, was für andere gut ist, als die Betroffenen selbst? In Zeiten des Mobilfunks und Internets wissen Migranten, wie hoch die Hürden sind, die sie zu überwinden haben und welches Risiko sie eingehen. Wer sich dennoch aufmacht, beweist Entschlossenheit. Tatsächlich ist die Emigration so anstrengend und gefährlich, dass sich nur die Wenigsten dazu entschließen. Die Nachrichten von Flüchtlingsströmen oder Einwanderungswellen mögen einen anderen Eindruck erwecken. In Wirklichkeit handelt es sich um eine kleine Minderheit. Im Jahr 2013 z.B. lebten, laut Schätzungen der United Nations Population Fund (UNFPA), 232 Millionen Menschen außerhalb ihres Heimatlandes.[32] Das waren 3,2 Prozent der Weltbevölkerung. Selbst als sich zu Beginn dieses Jahres in der EU die Grenzen für Arbeitsmigranten aus Bulgarien und Rumänien öffneten, strömten keine Millionen. Im April lebten, laut Angaben des Instituts für Arbeitsmarkt- und Berufsforschung, 430.000 Bulgaren und Rumänen in Deutschland.[33] Da die Länder zusammen ca. 27 Millionen Einwohner haben, sind das nicht einmal 2 Prozent der Gesamtbevölkerung.

Hinter der Behauptung, die Armen profitierten von Immigrationsbeschränkungen, verbirgt sich eine seltsame Vorstellung von Freiheit und Moral. Darauf weist der Migrationsexperte Kenan

---

32 United Nations Population Fund (UNFPA): Migration Overview, o.J., http://www.unfpa.org/migration (Download: 3.9.2014).
33 Dpa: Handelsblatt, 24.4.2014, http://www.handelsblatt.com/politik/deutschland/mehr-bulgaren-und-rumaenen-verstaerkte-zuwanderung-in-den-arbeitsmarkt/9801274.html (Download: 1.9.2014).

Malik hin. Angenommen, so Malik, die ärmeren Länder hinderten Menschen an der Ausreise: Wäre das richtig? Die wenigsten würden diese Frage bejahen, denn dann würden diese Länder handeln wie Nordkorea oder die ehemalige DDR. Ausreiseverbote passen nicht in eine freie Welt. Wenn es aber, so Malik, falsch sei, seine Bevölkerung an der Ausreise zu hindern, wie könne es dann richtig sein, wenn reiche Länder diese Arbeit übernehmen? Ausreise- und Einreisestopps für Flüchtlinge sind eng verbunden. Noch im Jahr 2010 vereinbarten die damaligen EU-Kommissare Cecilia Malmström und Štefan Füle (zuständig für die EU-Erweiterung) mit dem später entmachteten libyschen Diktator Muammar al-Gaddafi ein Abkommen zur Regelung des Flüchtlingsproblems. Die Rede war von einer Finanzhilfe für nordafrikanische Staaten in Höhe von 50 Millionen Euro. Libyen versprach im Gegenzug für finanzielle Unterstützung seine Grenzen mit Hilfe moderner Überwachungssysteme effizienter zu kontrollieren und die aus Europa Deportierten „humaner" zu behandeln.[34] Als diese Strategie der Flüchtlingsabwehr nach den Unruhen in Nordafrika nicht mehr funktionierte, wurden Europas Grenzen militärisch aufgerüstet.

Die Brutalität der Abschottung ist mit Freiheitswerten nicht vereinbar. Die Zahlen der Opfer sprechen für sich: 20.000 Menschen sollen seit 1998 beim Versuch, die Grenzen Europas zu überwinden, gestorben sein. Auch das Drama vor Lampedusa am 3. Oktober 2013, bei dem über 300 Personen ertranken, war das Ergebnis einer Politik, die kaum legale Möglichkeiten zur Ein-

---

34 Pop, Valentina: EU signs up to `unclear' migration pact with Libya, 5.10.2010, http://euobserver.com/justice/30964 (Download: 15.9.2014).

reise gewährt. Menschen dort festzuhalten, wo sie durch Zufall geboren wurden, erinnert an die feudalen Fesseln des Mittelalters, das persönliche Mobilität kaum ermöglichte. Das entspricht nicht unserem Selbstverständnis und auch deswegen sind wir für offene Grenzen. So wie wir den Fall der Berliner Mauer als Akt der Befreiung feierten, würden wir es begrüßen, wenn der schändliche Zaun um die spanischen Enklaven Ceuta und Melilla endlich fiele. Die Einwanderungsfrage trifft uns im Kern, denn es geht darum, wie und in welcher Art von Gesellschaft wir leben möchten. Ist das eine, die das Prinzip der Freizügigkeit schätzt und sich den Herausforderungen stellt? Oder eine, die in der Abschottung die Lösung ihrer Probleme sieht?

Literaturverzeichnis

Bahners, Patrick: Die Panikmacher. Die deutsche Angst vor dem Islam. Eine Streitschrift, C.H.Beck, München 2011

Cohen, Steve: No One Is Illegal, Asylum and Immigration Control Past and Present, Trentham Books, Stoke on Trent, UK, 2003

Cohen, Steve: Immigration Controls, the Family and the Welfare State, Jessica Kingsley Publishers, London, UK, 2001

Collier, Paul: Exodus: Warum wir Einwanderung neu regeln müssen, Kindle Edition, Siedler Verlag München, 2. Auflage, September 2014,

Donald, Alastair/ Williams, Austin: The Lure Of The City, From Slums to Suburb, Pluto Press, London, UK, 2011

Handlin, Oscar: The Uprooted, Grosset & Dunlap Publishers, New York, 1951

Handlin, Oscar: Adventure in Freedom, Three Hundred Years of Jewish Life in America, McGraw Hill, New York, 1954

Harris, Nigel: Thinking The Unthinkable, I.B. Tauris, London, UK, 2002

John F. Kennedy (President): A Nation of Immigrants, Hamish Hamilton, London, UK 1964

Meier-Braun, Karl-Heinz: Deutschland, Einwanderungsland, edition suhrkamp 2266, Frankfurt/M. 2002

Malik, Kenan: From Fatwa To Jihad, The Rushdie Affair and ist Legacy, Atlantic Books, London, UK, 2009

Legrain, Philippe: Immigrants Your Country Needs Them, Little, Brown, London, UK, 2007

Roy, Olivier: Heilige Einfalt. Über die politischen Gefahren entwurzelter Religionen, Siedler Verlag, München, 2010

Sarrazin, Thilo: Deutschland schafft sich ab. Wie wir unser Land aufs Spiel setzen. Deutsche Verlags-Anstalt, München, 10. Auflage, 2010

Offene Grenzen und institutioneller Wandel

Kalle Kappner

Ein wesentliches Ziel der Menschenrechtspolitik besteht darin, institutionellen Wandel in undemokratischen Gesellschaften voranzutreiben: von extraktiven, auf Partikularinteressen ausgerichteten Institutionen hin zu inklusiven, auf das Allgemeinwohl bedachten. Der Rolle freier Migration, der „Abstimmung mit den Füßen", als wirkungsmächtigem Katalysator institutionellen Wandels wird dabei oft zu geringe Aufmerksamkeit geschenkt. Dabei ist der auf Regierungen und Autoritäten disziplinierend wirkende Standortwettbewerb im Kontext des innerstaatlichen Föderalismus wohl bekannt. Auch auf internationaler Ebene, so das Kernargument dieses Beitrags, sollte den Bürgern dieses Druckmittel zur Verfügung gestellt werden. Dazu bedarf es seitens der Industriestaaten einer Abkehr von der Politik der geschlossenen Grenzen.

I. Migration und Systemwettbewerb

Extraktive und inklusive Institutionen

Die Vereinten Nationen zählen derzeit 194 vollwertige Staaten: Klar umgrenzte Territorien, die durch ein Gewaltmonopol und ein identifizierbares Staatsvolk charakterisiert sind und zudem durch die meisten anderen Staaten als souverän anerkannt werden. Werden jene politischen Gebilde einbezogen, deren völkerrechtlicher Status als Staat zwar umstritten, aber zumindest teilweise begründbar ist, etwa Taiwan oder Palästina, so können weltweit über 200 verschiedene Staatengebilde gezählt werden. Diese lokalen Gewaltmonopole unterscheiden sich naturgemäß in vielerlei Hinsicht voneinander. Eine der grundsätzlichsten und zugleich aufschlussreichsten Klassifikationsdimensionen ist die *Inklusivität* bzw. *Extraktivität* ihrer politischen und ökonomischen Institutionen. Dieser von Daron Acemoğlu und James A. Robinson präsentierte Klassifikationsansatz beruht auf einer einfachen Gegenüberstellung:[35]

Extraktive Institutionen dienen der Befriedigung einer kleinen Elite zulasten des Rests der Bevölkerung. Die politische Entscheidungsgewalt befindet sich in den Händen einiger weniger, die meis-

---

35 Acemoğlu, Daron und James A. Robinson: Warum Nationen scheitern: Die Ursprünge von Macht, Wohlstand und Armut, 1. Auflage, Frankfurt a.M., 2013.

ten Menschen haben keinen Zugang zu politischen Ämtern und wirtschaftlichen Machtpositionen, gesellschaftlicher Aufstieg ist kaum möglich. Politik und Judikative handeln diskretionär, Gewaltenteilung und rechtsstaatliche Regelbindung fehlen und nicht selten werden Menschenrechtsverletzungen in Kauf genommen, um die Interessen der Machthaber zu wahren. Statt Vertragsfreiheit, gesicherter Eigentumsrechte und marktwirtschaftlicher Institutionen herrschen feudalistische, vorkapitalistische Verhältnisse, die die wirtschaftliche Entfaltung behindern.

Inklusive Institutionen dagegen zielen auf die Wohlfahrt und Freiheit aller Gesellschaftsmitglieder ab. Politische Entscheidungen werden demokratisch getroffen, das öffentliche Leben ist durch Pluralismus und Toleranz gegenüber abweichenden Meinungen geprägt. Ein umfassender Katalog von verfassungsgarantierten Grundrechten schützt die Schwachen vor den Starken. Starke Eigentumsrechte, marktwirtschaftliche Institutionen und eine wettbewerbssichernde Wirtschaftspolitik sichern die ökonomische Freiheit ab und ermöglichen eine breite Verteilung des Wohlstands.

Aus humanitärer Sicht sind inklusive Institutionen klar vorzuziehen. Doch historisch waren und aktuell sind viele Staaten bestenfalls durch einen Mix beider Institutionentypen gekennzeichnet. Wird von den westlichen und ostasiatischen demokratischen Wohlstandsinseln der jüngsten Geschichte abgesehen, so dominieren extraktive Institutionen das Weltgeschehen eindeutig. Auf die Frage, wie der Wandel von extraktiven zu inklusiven Institutionen zustande kommen kann – und wann er misslingt – geben

Acemoğlu und Robinson viele gute Antworten, doch die Rolle der Emigration, der individuellen oder kollektiven Flucht vor extraktiven Institutionen, thematisieren sie kaum. Stattdessen konzentrieren sie sich auf die Möglichkeiten eines internen Wandels durch Reformen und Revolutionen.

Abwanderung, Widerspruch und Loyalität

Dabei ist die Flucht aus unvorteilhaften Arrangements, Beziehungen und Hierarchien historisch nichts Ungewöhnliches. Wie der Soziologe Albert O. Hirschman feststellte, gibt es grundsätzlich drei verschiedene Möglichkeiten, auf zunehmende Repression seitens des Staatsapparats und anderer Autoritäten zu reagieren:[36] *Loyalität* bedeutet, die veränderten Verhältnisse hinzunehmen und sich mit ihnen zu arrangieren; *Widerspruch* äußert sich im Versuch einer Einflussnahme, in Demonstrationen und Protesten; *Abwanderung* schließlich meint die Flucht vor unerträglichen Verhältnissen in der Hoffnung, andernorts bessere Zustände vorzufinden. Loyale Untertanen können keinen Wandel hin zu inklusiveren Institutionen erwarten; sie nehmen den Status quo als gegeben hin und legitimieren ihn somit. Der Widerspruch dagegen erwies sich historisch oft als wirksames Mittel, um Reformen zu erwirken – man denke an die Montagsdemonstrationen in der DDR. Doch eine mindestens ebenso wichtige Rolle spielt die Flucht aus extraktiven Regimen. Denn diese hat für die Machthaber durchaus unangenehme Folgen: Wem die Bürger davonlau-

---

36 Albert O.: Abwanderung und Widerspruch. Reaktionen auf Leistungsabfall bei Unternehmungen, Organisationen und Staaten, 1. Auflage, Tübingen, 1974.

fen, dem läuft damit auch die Steuer- und Machtbasis davon.

Die Emigration aus Staaten mit extraktiven Institutionen bedeutet für den Fliehenden selbst unmittelbar eine Verbesserung der Lebensumstände. Doch in mittelbarer Konsequenz trägt der Flüchtende auch dazu bei, die Umstände in seinem Heimatland zu verbessern. Dies geschieht einerseits *direkt*: Aus extraktiven Regimen geflohene Exil-Bürger setzen ihre neugewonnenen Rechte und Möglichkeiten oft ein, um den Reformprozess in ihren Heimatländern anzutreiben. Die in den Vereinigten Staaten lebenden Exilkubaner etwa unterstützen die innerkubanische Opposition finanziell, veröffentlichen regimekritische Schriften und weisen auf die Menschenrechtsverletzungen der kommunistischen Regierung Kubas hin. Andererseits befeuern Emigranten den Reformprozess auch *indirekt*: Die Machthaber extraktiver Staaten sehen nicht tatenlos zu, wie ihre Steuerbasis – und damit die Quelle ihrer Feudalrenten – abwandert. Um ihre Privilegien zumindest teilweise zu retten, müssen sie die Institutionen inklusiver gestalten, sodass die Abwanderung für ihre Untertanen relativ weniger lohnenswert erscheint.

Die auf extraktive Eliten disziplinierend wirkende Abwanderung muss nicht einmal in allen Fällen tatsächlich vollzogen werden; es reicht die Androhung einer Flucht. Doch damit die Emigration, ob als Drohung oder tatsächlich vollzogener Akt, institutionellen Wandel erzwingen kann, müssen drei Bedingungen erfüllt sein: Zunächst muss die Abwanderungsdrohung glaubwürdig sein. Das bedingt, dass die potenziell Fliehenden keine allzu starke Bindung an ihr Heimatland und daheim bleibende Familienmitglieder verspüren dürfen und dass sie sich das Leben in einer radikal neuen Umgebung vorstellen können. Die reine Androhung einer Flucht kann nur wenig bewirken, wenn sie als im Ernstfall undurchführbar durchschaut wird – *cheap talk* wirkt auf die Machthaber nicht disziplinierend. Wird die Auswanderungsdrohung dagegen als glaubwürdig wahrgenommen, erweist sie sich als ein machtvolles Instrument der Bürger, um institutionellen Wandel zu erwirken.

Zwei weitere Bedingungen struktureller Natur kommen hinzu: Die Ausreise aus dem Heimatland muss praktisch möglich sein; das heißt, sie darf nicht mit prohibitiv hohen Kosten verbunden sein. Wenn der Fluchtversuch im Ernstfall mit dem Tod oder lebenslanger Haft bestraft wird – wie in der DDR nach dem Mauerbau und heute in Nordkorea – stellt sie nur noch für wenige Bürger eine Option dar. Auch die Einreise in das Empfängerland muss durch die dort bestehenden Gesetze und Institutionen ermöglicht werden, wenn die Abwanderung oder deren Androhung als Druckmittel gegenüber extraktiven Machthabern fungieren soll. Damit Emigration ihre disziplinierende Wirkung entfalten kann, braucht es also nicht weniger als offene Grenzen in doppelter Hinsicht. Zweitrangig, wenn auch nicht unwichtig ist dabei, ob die Grenzen *de jure* offen sind – wichtiger ist, dass sie es de facto sind. Sowohl die Bemühungen extraktiver Staaten, ihre Bürger an der Ausreise zu hindern, als auch die restriktive Grenzpolitik im demokratischen Westen stellen insofern ein Hindernis dar.

Auswanderung und institutioneller Wettbewerb

Ist die Auswanderung glaubwürdig als politisches Druckmittel einsetzbar und ermöglichen hinreichend viele potenzielle Empfängerländer die Einreise, so können offene Grenzen ihre reformtreibende Wirkung entfalten: Durch ihre Flucht signalisieren die Auswandernden den lokalen Machthabern extraktiver Staaten, dass politische Reformen dringend notwendig sind. Darüber hinaus lassen sie durch die Wahl eines Einreiseziels erkennen, in welche Richtung die Reformen im Heimatland vorangetrieben werden sollten. Staaten mit inklusiven Institutionen profitieren entweder von Einwanderern mit hoher Leistungsbereitschaft und Humankapital – dann haben sie einen Anreiz, ihre Institutionen noch weiter zu verbessern. Oder sie haben angesichts der mit Einwanderung verbundenen Kosten einen Anreiz, auf eine Verbesserung der Institutionen in den Heimatländern der Emigranten hinzuwirken. Und jene Staaten, deren Reformdrang erlahmt, können durch die Aussicht, wertvolles Humankapital von Nachbarstaaten abzuschöpfen, wieder motiviert werden.

Individuelle Mobilität und offene Grenzen treiben so einen fruchtbaren institutionellen Wettbewerb an. Wettbewerb zwischen verschiedenen Staaten mit verschiedenen Institutionen ist in der globalisierten Welt ein alltägliches Phänomen, und das nicht zum Schaden der Bürger, Konsumenten und Unternehmer. Der sogenannte *Tiebout-Wettbewerb*, bei dem die Bürger durch die freie Wahl einer ihnen genehmen Jurisdiktion, Institution oder Organisation signalisieren, welches Arrangement ihren Präferenzen entspricht, kann heute in vielen Bereichen beobachtet werden:[37] Die relativ hohe internationale Mobilität des Kapitals hält Regierungen von allzu hoher Kapitalbesteuerung oder gar Enteignungen ab; Staaten mit umfangreichen Sozialleistungen und hohen Steuersätzen konkurrieren mit solchen, die niedrige Steuern mit geringen Leistungen verbinden; in Ländern mit freier Schulwahl wählen Eltern selbst, welche Schulform und welche Unterrichtsausrichtung sie ihren Kindern zukommen lassen wollen; Unternehmen, deren Produkte den Wünschen der Kunden nicht entsprechen, scheiden aus dem Markt aus und machen neuen Wettbewerbern Platz. In vielen Fällen fallen die Präferenzen der Menschen unterschiedlich aus. Institutioneller Wettbewerb führt dann zur Ausdifferenzierung verschiedenartiger Angebote: Es gibt verschiedene Automarken, Schulformen und verschiedene Wohlfahrtsstaatstypen. Doch in einigen Fällen haben nahezu alle Menschen die gleiche Präferenz: Bis auf die unmittelbaren Profiteure würde etwa kein Mensch extraktive gegenüber inklusiven Institutionen vorziehen. Institutioneller Wettbewerb führt in einem solchen Fall homogener Präferenzen zu weniger diversen – und damit auch weniger schlechten – Institutionen.

Doch funktionierender Wettbewerb braucht freie Wahl. Damit Staaten als Anbieter bestimmter institutioneller Arrangements dem Druck internationaler Konkurrenz unterliegen, ist es notwendig, dass die Bürger als Nachfrager institutioneller Arrangements frei zwischen ihnen wählen können. Die Weltgemeinschaft ist

---

37 Tiebout, Charles: A Pure Theory of Local Expenditures, in: The Journal of Political Economy, 64(5), 1956, S. 416-24.

derzeit weit von einem wirkungsvollen *Tiebout-Wettbewerb* zwischen ihren rund 200 Staaten entfernt. Der Grund sind die vielen geschlossenen Grenzen.

II. Die geschlossene Weltgesellschaft

Internationale Mobilität: ein ungleich verteiltes Privileg

Politischer Föderalismus und dezentralisierte Entscheidungsstrukturen begünstigen innerhalb eines Nationalstaats freiheitliche Institutionen und beugen Korruption und Machtmissbrauch vor, wenn ausreichend viele Bürger von der Möglichkeit eines Umzugs Gebrauch machen. Diese segensreiche Wirkung einer Kombination von individueller Mobilität und institutionellem Wettbewerb ist kaum umstritten, auch wenn sie in der Tagespolitik nicht immer ausreichend berücksichtigt wird.[38] Dass dieser Zusammenhang nicht nur innerhalb eines Nationalstaates gilt, sondern auch im internationalen Wettbewerb zwischen verschiedenen Staaten zum Vorschein kommt, ist leicht einzusehen.[39] Doch während sich Schweizer Eidgenossen, die Bürger der Vereinigten Staaten und auch jene der Europäischen Union frei zwischen

---

38 Doering, Detmar: Kleines Lesebuch über den Föderalismus, 1. Auflage, Sankt Augustin, 2005.
39 Somin, Ilya: Tiebout Goes Global: International Migration as a Tool for Voting with Your Feet, in: Missouri Law Review, 73(4), 2008, Article 13.

ihren Kantonen, Bundes- und Nationalstaaten bewegen können, wird dieses Recht den meisten Bürgern Asiens, Afrikas und Lateinamerikas verwehrt.

Der durchschnittliche europäische Bürger hat mit seinem Pass visumfreien Zugang zu weltweit 146 anderen Staaten; die größte internationale Bewegungsfreiheit besitzen finnische, deutsche, schwedische, US-amerikanische und britische Bürger, die jeweils 174 andere Länder ohne Visum besuchen können. Dieser Durchschnittswert liegt für Afrika bei 57 Staaten, wobei hier die Bürger der Seychellen (129), Mauritius (125) und Südafrikas (97) das größte Maß an Reisefreiheit genießen. Besitzer eines afghanischen (28), irakischen (31), somalischen (32), pakistanischen (32) oder palästinensischen (35) Passes können kaum andere Staaten ohne Visum betreten. Das weltweite Mittel liegt bei 93 visumfrei bereisbaren Staaten. Die größte Heterogenität herrscht unter den Staaten Asiens, die geringste hingegen in Afrika.[40]

Tabelle 1: Visa Restrictions Index nach Weltregion

Region	VRI	Minimum	Maximum
Nordamerika	160 (23,39)	133 (Mexiko)	174 (USA)
Europa (inklusive Russland)	146 (34,45)	40 (Kosovo)	174 (Finnland, Deutschland, Schweden, UK)

---

40 Der Henley & Partners Visa Restrictions Index (VRI) listet für 199 Staaten die Anzahl der durch seine Bürger visumfrei bereisbaren Auslandsstaaten auf. Die hier angegebenen Durchschnittswerte sind nicht nach der Bevölkerungsgröße der verschiedenen Staaten gewichtet.

Australien, Ozeanien	95 (33,15)	75 (Mikronesien)	170 (Neuseeland)
Lateinamerika	105 (29,17)	49 (Haiti)	150 (Argentinien)
Asien	71 (41,11)	28 (Afghanistan)	172 (Japan, Südkorea)
Afrika	57 (18,76)	32 (Somalia)	129 (Seychellen)
Welt	93 (47,32)	28	174

Durchschnittliche Anzahl visumfrei bereisbarer Staaten nach Weltregion. Standardabweichung in Klammern. Eigene Berechnungen nach Henley & Partners Visa Restrictions Index 2014 (Grundgesamtheit: 199 Staaten).

Reisefreiheit und Entwicklung

Das Privileg internationaler Mobilität ist allerdings nicht nur äußerst ungleich verteilt; es korreliert auch in hohem Maße mit wirtschaftlicher Prosperität und politischen Freiheiten – in anderen Worten: mit inklusiven Institutionen. Bürger von Staaten, die hohe Werte im Human Development Index (HDI) erreichen, haben mit ihren Pässen in der Regel auch Zugang zu vielen anderen Staaten, während die Bürger unterentwickelter Staaten mit niedrigen HDI-Werten tendenziell weniger andere Staaten ohne Visum betreten können.[41] Bemerkenswerte Ausreißer sind hier Brasilien, Malaysia und Bulgarien (hohes Maß an Reisefreiheit bei vergleichsweise niedrigen HDI-Werten) sowie Sri Lanka, Sy-

---

41 Der von den Vereinten Nationen herausgegebene Human Development Index (HDI) skaliert auf Basis zahlreicher Indikatoren den allgemeinen Entwicklungsstand einer Nation auf einer Skala von 0 (unterentwickelt) bis 1 (hochentwickelt).

rien, der Libanon und der Iran (niedriges Maß an Reisefreiheit bei vergleichsweise hohen HDI-Werten).

Die stabile Korrelation zwischen der Inklusivität der politischen und wirtschaftlichen Institutionen eines Staates einerseits und dem Ausmaß an Reisefreiheit, das dessen Bürger genießen, andererseits fragmentiert den institutionellen Wettbewerb auf internationaler Ebene auf fatale Weise: Die wohlhabenden Staaten in Europa, Nordamerika und Südostasien ermöglichen ihren Bürgern gegenseitig ein hohes Maß an Reisefreiheit, *weil* sie über inklusive Institutionen verfügen; und sie verfügen über inklusive Institutionen, *weil* ihre Bürger relativ frei migrieren können und so den institutionellen Wettbewerb anheizen. Hier funktioniert der *Tiebout-Wettbewerb*, der die bestehenden inklusiven Institutionen stabilisiert und einem Rückfall in extraktive Institutionen vorbeugt. So wie in den 90er Jahren Schweden und Dänemark ihre Wohlfahrts- und Steuersysteme reformieren mussten, wächst heute angesichts einer schon fast zum Massenphänomen gewordenen Auswanderungswelle wohlhabender Franzosen nach London und Brüssel der Reformdruck auf die französische Regierung. In Europa wurde den Bürgern die Gelegenheit gegeben, „mit den Füßen abzustimmen" – und sie machen regen Gebrauch davon!

Doch wer in den Armuts- und Krisenregionen der Erde geboren wurde, leidet nicht nur unter Nepotismus, Gewalt und wirtschaftlicher Perspektivlosigkeit; eine Flucht aus diesen Verhältnissen ist in der Regel weder prinzipiell noch faktisch möglich und kann daher auch nicht als Druckmittel gegen die Machthaber extraktiver Staaten eingesetzt werden. Selbst wenn es den lokalen Machthabern nicht gelingt, Menschen von der Ausreise abzuhalten, so endet die Flucht doch spätestens beim Versuch der Einreise in das Zielland: Die Grenzen sind geschlossen. Den extraktiven Eliten ist dies durchaus bewusst. Da sie keine massenhafte Flucht erwarten müssen, sinkt ihr Anreiz zu institutionellen Reformen. Ein *Tiebout-Wettbewerb* zugunsten der Bürger kommt nicht zustande, extraktive Institutionen werden stabilisiert und als einziges politisches Druckmittel der Bürger bleibt der Widerspruch.

Tabelle 2: Visa Restriction Index und Human Development Index

Region	VRI (Durchschnitt)	HDI (Durchschnitt)	Korrelation
Nordamerika	160	0,857	0,999
Europa (inklusive Russland)	146	0,837	0,846
Australien, Ozeanien	95	0,708	0,783
Lateinamerika	105	0,719	0,490
Asien	71	0,692	0,651
Afrika	57	0,520	0,458
Welt	93	0,686	0,763

Eigene Berechnungen nach Henley & Partners Visa Restrictions Index (VRI) 2014 und Human Development Index (HDI) 2013. In der Korrelation wurden nur jene Staaten berücksichtigt, die in beiden Indizes enthalten sind (Grundgesamtheit: 178, Signifikanz zum Niveau 0,05 gegeben).

Ausgerechnet für jene Menschen, die aufgrund ihrer Not am meisten von stärkerem institutionellen Wettbewerb auf internationaler Ebene profitieren könnten, wird der Wettbewerb somit außer Kraft gesetzt. Die Weltgesellschaft mit ihren rund 200 Anbietern institutioneller Arrangements scheint sich dem Matthäus-Prinzip verschrieben zu haben: Wer hat, dem wird gegeben. Und wer nicht hat, der kriegt auch weiterhin nichts.

Die inklusiven Staaten setzen sich gegenseitig einem fruchtbaren Wettbewerb aus, wenngleich dessen segensreiche Wirkung den Bürgern sicherlich nicht immer bewusst ist. Ignoriert eine Regierung zu lange die Präferenzen der Bürger, Unternehmen und Steuerzahler, so wird sie durch Abwanderung bestraft. Doch wo die Institutionen im hohen Maße extraktiv ausfallen und den Bürgern keine Alternativen zugänglich sind, ist auch der disziplinierende institutionelle Wettbewerb außer Kraft gesetzt. Wie auch in den Güter- und Kapitalmärkten lässt sich für die Globalisierung der Bewegungsfreiheit eine Zweiteilung beobachten: Während sie in einem Teil der Welt in atemberaubendem Maße voranschreitet, wird ein anderer Teil der Welt ausgeschlossen.

Das Asylrecht als Ausweg?

Nun ist die Einsicht, dass jenen, die unter besonders extraktiven Institutionen leiden, oft nur die Flucht als Ausweg bleibt, keineswegs neu. Aus guten Gründen gewähren heute alle demokratischen Rechtsstaaten ein Asylrecht für politisch, religiös oder rassistisch Verfolgte. In der Bundesrepublik Deutschland wurden 2013 insgesamt 109.600 Asylanträge gestellt, so viele wie in keinem anderen Land. Dass im gleichen Jahr nur 13,5% aller bestehenden Asylanträge angenommen wurden, während 38,5% abgelehnt, 36,7% eingestellt und 11,4% mit einem temporärem Abschiebungsverbot beigelegt wurden, verdeutlicht die Diskrepanz zwischen den Auswanderungswünschen vieler Menschen einerseits und der begrenzten Aufnahmebereitschaft der Industrieländer andererseits.[42] Das Argument, dass offene Grenzen und (Ein-)Reisefreiheit auf internationaler Ebene kaum vonnöten seien, da das Asylrecht bereits als Instrument zur Verfügung stehe, muss aus mehreren Gründen angezweifelt werden.

Sicherlich ist das Asylrecht von unschätzbarem Wert für jene, die tatsächlich von ihm Gebrauch machen können. Es rettet zahlreiche Menschenleben und bietet für die glücklichen Nutznießer eine Chance auf einen massiv verbesserten Lebensstandard. Doch in Hinblick auf den aus humanitärer Sicht wünschenswerten institutionellen Wettbewerb auf internationaler Ebene erweist es sich als nur äußerst eingeschränkt wirkungsvoll. Das ist nicht überraschend: Schließlich ist die hinter dem Asylrecht steckende Motivation die konkrete Linderung des Leids der Antragssteller und nicht die Verbesserung der Institutionen in den Heimatländern der Asylflüchtlinge. Eine disziplinierende Wirkung auf extraktive Machthaber in der Dritten Welt mag dennoch bestehen, doch in jedem Fall ist sie äußerst schwach ausgeprägt. Dafür gibt es zwei wichtige Gründe:

Zum einen bezieht sich das Asylrecht auf politisch, rassistisch oder religiös verfolgte Fluchtwillige, nicht aber auf Menschen, die unter Armut und wirtschaftlicher Perspektivlosigkeit leiden. Doch die bittere Armut in vielen Staaten der Dritten Welt ist die

---

42 United Nations High Commissioner for Refugees: Asylum Trends, First half 2014, 2014.

direkte Konsequenz extraktiver Institutionen und wirtschaftliche Not ist der wichtigste Grund für Emigration.[43] Das Asylrecht mag in mancher Hinsicht disziplinierend auf politisch oder religiös unterdrückende Regierungen wirken, doch eine Reform extraktiver ökonomischer Institutionen kann es nicht antreiben.

Doch nicht nur die Tatsache, dass wirtschaftliche Not kein Asylrecht begründen kann, schränkt die reformtreibende Wirkung internationaler Migration ein. Hinzu kommt, dass selbst bei den rechtlich anerkannten Asylgründen – die im Wesentlichen bei politischer, religiöser und rassistischer Verfolgung sowie Kriegen gegeben sind – sehr hohe Hürden bestehen. Der Maßstab des Asylrechts ist nicht der Einreisewunsch des Antragsstellers, sondern die Aufnahmebereitschaft des Empfängerlandes. Ein wirkungsvolles Instrument zur Förderung des institutionellen Wandels stellt das Asylrecht nicht dar. Folglich kann es auch nicht als Substitut für eine humanitäre Politik der offenen Grenzen herhalten.

---

43 Esipova, Neli, Julie Ray und Anita Pugliese: Gallup World Poll: The Many Faces of Global Migration, IOM Migration Research Series No. 43, 2011.

III. Zur offenen Weltgesellschaft

Ein Viertel der Weltbevölkerung möchte auswandern

Die Anzahl der durch Asylanträge ausgedrückten Auswanderungswünsche übersteigt nicht nur die Anzahl der Asylgenehmigungen bei weitem; werden auch ökonomisch motivierte Auswanderungswünsche einbezogen, steigt die Diskrepanz noch stärker an. Weltweit liegt die Bereitschaft, permanent in einen anderen Staat umzuziehen, schätzungsweise bei 14%. Die Möglichkeit, temporär in einem anderen Land zu arbeiten, würden sogar 26% wahrnehmen. Am höchsten fallen beide Werte in Subsahara-Afrika (33%; 49%) aus, am niedrigsten in Asien (9%; 19%; ohne den mittleren Osten). Vor allem junge und gebildete Menschen würden gerne migrieren. Als Hauptmotivation geben sie mangelnde Beschäftigungsmöglichkeiten und das Fehlen einer wirtschaftlichen Perspektive in ihren Heimatländern an. Die beliebtesten Auswanderungsziele sind die Vereinigten Staaten (23%), Großbritannien und Kanada (jeweils 7%), Frankreich (5%) und Spanien, Australien, Deutschland und Saudi-Arabien (jeweils 4%).[44]

---

[44] Ray, Julie und Neli Esipova: More Adults Would Move for Temporary Work than Permanently, Gallup World Survey, 2012. Die Angaben beziehen sich auf das Jahr 2010.

Tabelle 3: *Flüchtlinge und Auswanderungswillige in zehn Krisenregionen 2012*

Herkunftsland	Anzahl Flüchtlinge	Anteil Flüchtlinge an Gesamtbevölkerung	Nettoanteil Auswanderungswillige an Gesamtbevölkerung
Afghanistan	2.586.200	9,0%	18%
Somalia*	1.136.700	11,79%	26%
Irak	746.200	2,41%	16%
Syrien	729.000	3,38%	27%
Sudan, Südsudan	568.900	1,60%	26%
Kongo (Dem. Rep.)	509.300	0,78%	37%
Myanmar	415.400	0,79%	5%
Kolumbien	394.100	8,26%	29%
Vietnam	336.900	0,37%	6%
Eritrea	285.400	4,66%	*

Eigene Berechnungen und Zusammenstellung nach United Nations World Statistics Pocketbook 2014, Gallup Poll Potential Net Migration Index (PNMI) 2014 und United Nations High Commissioner for Refugees Statistical Yearbook 2012. Der PNMI gibt den Anteil jener Personen an der erwachsenen Gesamtbevölkerung an, die beabsichtigen, permanent auszuwandern, abzüglich des Anteils der Einwanderungswilligen. Die hier präsentierten Daten für den PNMI stellen das Mittel für 2010 bis 2012 dar. * PNMI berücksichtigt nur Somaliland. Daten für Eritrea nicht erhoben.

Ohne Frage ist ein großer Anteil der Auswanderungswünsche ökonomisch motiviert. Die hohe Auswanderungsbereitschaft ist nicht zuletzt Ausdruck von Unzufriedenheit mit den wirtschaftlichen Bedingungen im Heimatland, verbunden mit dem Eindruck, dass anderswo bessere Bedingungen vorherrschen. Den schlechten wirtschaftlichen Bedingungen liegen letztlich extraktive politische und ökonomische Institutionen zugrunde: unsichere Eigentumsrechte, ein unternehmer- und innovationsfeindliches gesellschaftliches Klima und oligarchische Strukturen, die sich im Klüngel zwischen politischen und wirtschaftlichen Eliten ausdrücken. Doch weder über das Asylrecht, noch über konventionelle Visa können die Auswanderungswilligen ihren Wunsch in die Tat umsetzen: Selbst wenn sie die nötigen Mittel zur Ausreise aufbringen können, besteht die Welt für sie aus verschlossenen Toren. Da sie weder individuell ausreisen noch kollektiv eine glaubwürdige Ausreisedrohung gegenüber den lokalen Machthabern aufbauen können, sind sie gleich in zweifacher Weise in den extraktiven Institutionen ihres Heimatlandes gefangen.

Offene Grenzen als Instrument der Menschenrechtspolitik

Was kann die demokratische Welt tun, um den institutionellen Wandel voranzutreiben? Ein viel erprobter und oft gescheiterter Ansatz liegt im Versuch, den Wandel von außen zu forcieren. Es werden Berater ins Land geschickt, Entwicklungsgelder überwiesen, Projekte durchgeführt und Embargos ausgesprochen. Unter gewissen historischen Umständen kann diese Strategie aufgehen, so etwa in Deutschland nach dem zweiten Weltkrieg, als es den Alliierten gelang, die deutsche Gesellschaft innerhalb weniger Jahre auf den Weg der Demokratie zu bringen. Doch in den allermeisten Fällen misslingt die Strategie des extern forcierten Wandels: Die Blaupausen der Berater verfehlen die vorherrschenden Bedingungen, institutionelle Reformen sind selten nachhaltig, Entwicklungsgelder stabilisieren die extraktiven Eliten und unter den Embargos leidet die Bevölkerung oft am stärksten.[45]

Ein alternativer Ansatz besteht in einer Politik der offenen Grenzen: Offene Grenzen, also die Erlaubnis in die demokratische Welt einzuwandern, statten die in extraktiven Staaten lebenden Bürger mit einem ungeheuren Drohpotenzial aus: Reformiert die Institutionen, oder wir wandern aus! Dieses Drohpotenzial ermöglicht es, den institutionellen Wandel von innen anzutreiben. Zwar wird manch eine Regierung versucht sein, sich dem Druck durch den Bau einer Mauer um das Land zu entziehen. Doch ein Auswanderungsverbot ist vor der internationalen Staatengemeinschaft sehr viel schwieriger zu rechtfertigen als ein Einwanderungsverbot. Nur wenige Staaten schaffen es, ihre Bevölkerung effektiv innerhalb der Staatsgrenzen einzusperren.

Offene Grenzen hätten weitreichende Konsequenzen, sowohl für Sendeländer als auch für Einreiseländer. Weder die ethischen Implikationen einer Politik der offenen Grenzen noch eine erschöpfende ökonomische Kosten-Nutzen-Rechnung können an dieser Stelle diskutiert werden.[46] Es kann kaum bezweifelt werden, dass

---

45 Boettke, Peter J.: Why Perestroika Failed. The Politics and Economics of Socialist Transformation, 1. Auflage, London und New York, 1993; Coyne, Christopher J.: Doing Bad by Doing Good. Why Humanitarian Action Fails, 1. Auflage, Stanford, 2013.
46 Eine exzellente ethische Auseinandersetzung liefert Huemer, Michael: Is There a Right to Immigrate?, in: Social Theory and Practice, 36(3), 2010, S. 429-261. Die praktischen Implikationen diskutiert Pritchett, Lant: Let Their People Come. Breaking the Gridlock on International Labor Mobility, 1. Auflage, Baltimore, 2006.

eine Öffnung der Grenzen der demokratischen Welt ein radikaler Schritt mit weitreichenden Folgen für den gesellschaftlichen Alltag wäre. Doch die menschenrechtspolitische Verantwortung der demokratischen Welt wird von den meisten Zeitgenossen energisch bejaht. Dieser Verantwortung kann durch die Öffnung der Grenzen sehr viel effektiver nachgekommen werden als durch von außen forcierte Ansätze. Denn das menschenrechtspolitische Instrument der offenen Grenzen setzt auf einen Wandlungsprozess, der von unten durch die Individuen und ihre institutionellen Präferenzen vorangetrieben wird.

Die Furcht vor der Völkerwanderung

Ein Einwand liegt nahe: Wenn die demokratische Welt ihre Tore öffnet und all jenen, die unter extraktiven Institutionen und materieller Armut leiden, die Erlaubnis zur Einreise erteilt – wird dann nicht ein Massenansturm ungekannten Ausmaßes in Gang gesetzt, der die Institutionen der freien Welt schließlich bis zum Zusammenbruch überlastet? Dass das mit der neugewonnenen Exit-Option verbundene Drohpotenzial der Bürger den Reformprozess in der Dritten Welt vorantreibt, ist leicht einzusehen, doch wer wäre bereit, dafür den Preis eines Zusammenbruchs der Sozial- und Versorgungssysteme der Industriestaaten in Kauf zu nehmen?

Der Einwand ist nachvollziehbar und darf keinesfalls außer Acht gelassen werden. Es ist jedoch möglich, ihn zu entkräften. Zunächst gilt es zu betonen, dass nicht der tatsächliche Akt der Auswanderung selbst, sondern dessen glaubwürdige Androhung den institutionellen Wandlungsprozess vorantreibt. Ein Bürger, der tatsächlich ausreist, ist für den extraktiven Staat bereits verloren; es ist wenig wahrscheinlich (wenn auch nicht ausgeschlossen), dass er durch institutionelle Reformen zur Rückkehr bewegt werden kann. Ein Bürger hingegen, der seine Ausreiseentscheidung von der Reformbereitschaft seiner Regierung abhängig macht, liefert dieser einen starken Anreiz zur institutionellen Reform. Es ist daher hinreichend, den Bürgern der Dritten Welt die *Möglichkeit* zur Abwanderung zu verschaffen. Dagegen ist es nicht notwendig, dass viele von dieser Möglichkeit tatsächlich Gebrauch machen.

Nur wenige Menschen möchten ihre Heimat um jeden Preis verlassen. Verbessert sich das institutionelle Umfeld spürbar und machen sich die Reformen im Lebensstandard bemerkbar, so verliert die Abwanderung an Attraktivität. Eine Öffnung der Grenzen der demokratischen Welt würde zunächst sicherlich eine verstärkte Zuwanderung auslösen. Doch der immens steigende Druck auf die Regierungen und Autoritäten der Sendeländer hätte auch rasche Reformen zur Folge, sodass die Auswanderungswilligkeit schnell wieder abnähme. Prognosen dieser Art sind mit einem hohen Maß an Ungewissheit verbunden. Doch die Befürchtung einer einsetzenden Völkerwanderung ignoriert die dynamische Anreizwirkung auf die extraktiven Regierungen der Auswanderungsländer – und damit den zentralen Wirkungskanal dieses menschenrechtspolitischen Instruments. Denn dessen Ziel ist es nicht, die gesamte Weltbevölkerung zum Umzug in Regionen mit inklusiven Institutionen zu bewegen; Ziel ist es, inklusive Institutionen auf der ganzen Welt zu verbreiten.

Literatur

Acemoğlu, Daron und James A. Robinson: Warum Nationen scheitern: Die Ursprünge von Macht, Wohlstand und Armut, 1. Auflage, Frankfurt a.M. 2013.

Boettke, Peter J.: Why Perestroika Failed. The Politics and Economics of Socialist Transformation, 1. Auflage, London und New York 1993.

Coyne, Christopher J.: Doing Bad by Doing Good. Why Humanitarian Action Fails, 1. Auflage, Stanford 2013.

Doering, Detmar: Kleines Lesebuch über den Föderalismus, 1. Auflage, Sankt Augustin 2005.

Esipova, Neli, Julie Ray und Anita Pugliese: Gallup World Poll: The Many Faces of Global Migration, IOM Migration Research Series No. 43, 2011.

Hirschman, Albert O.: Abwanderung und Widerspruch. Reaktionen auf Leistungsabfall bei Unternehmungen, Organisationen und Staaten, 1. Auflage, Tübingen 1974.

Huemer, Michael: Is There a Right to Immigrate?, in: Social Theory and Practice, 36(3), 2010, S. 429-261

Pritchett, Lant: Let Their People Come. Breaking the Gridlock on International Labor Mobility, 1. Auflage, Baltimore 2006.

Ray, Julie und Neli Esipova: More Adults Would Move for Temporary Work than Permanently, Gallup World Survey, 2012.

Somin, Ilya: Tiebout Goes Global: International Migration as a Tool for Voting with Your Feet, in: Missouri Law Review, 73(4), 2008, Article 13.

Tiebout, Charles: A Pure Theory of Local Expenditures, in: The Journal of Political Economy, 64(5), 1956, S. 416-24.

United Nations High Commissioner for Refugees: Asylum Trends, First half 2014, 2014.

Nation: Fiktion und Konstruktion

Clemens Schneider

„Das Prinzip des Nationalstaates ... ist ein Mythos, ein irrationaler romantischer und utopischer Traum, ein Traum von Naturalismus und Stammeskollektivismus."[47]

Karl R. Popper

Identität durch Gemeinschaft

Es gehört zu den wesentlichen Merkmalen des Menschen, *ich* sagen zu können. Dieses ich konstituiert seine Identität. Allerdings ist diese Identität nicht von Beginn an klar ausgeprägt, sondern wird im Laufe des Lebens erworben und verändert sich auch. Erlebnisse, Überzeugungen, Begegnungen tragen zum Entstehen und zur Veränderung menschlicher Identität bei. Dabei kommt den Beziehungen zu anderen Menschen eine zentrale Rolle zu. Wir definieren uns in Anlehnung an sie und Abgrenzung von ih-

---

[47] Popper, Karl R.: Die offene Gesellschaft und ihre Feinde. Bd. 2: Falsche Propheten: Hegel, Marx und die Folgen, hrsg. v. Hubert Kiesewetter, Tübingen 82003, 62.

nen. Der Grund dafür ist vor allem, dass wir evolutionär auf Gemeinschaft ausgerichtet sind – oder mit den Worten des Aristoteles: Der Mensch ist ein *zoon politikon*, ein auf Gemeinschaft ausgerichtetes Lebewesen. Wir sind – das ergibt sich aus unserer jahrzehntausendelangen Sozialisation – darauf konditioniert, eine Stellung in unserer Gruppe, unserem Stamm zu finden und zu behaupten. Dieser soziale Kontext konstituiert Identität. Wie Thomas Hobbes vermutete, legen wir das Verhalten von Wölfen an den Tag – anders aber als er schlussfolgerte, sind wir wie die realen Wölfe Lebewesen, die sich wesentlich durch Rudelverhalten auszeichnen.

Indem wir uns von anderen bestätigen lassen, uns abgrenzen und unsere Rolle definieren, gelingt es uns, eine Identität zu entwickeln. Je enger der soziale Kontext ist und je stärker die Bindungen sind, umso bedeutsamer ist deren Rolle bei der Herausbildung von Identität. Familie und Freunde sind in dieser Hinsicht ungleich einflussreicher als Fremde. Wie stark diese evolutionäre Konditionierung heute noch unsere Wahrnehmung und unser Verhalten prägen, hat in besonderer Weise der Sozialphilosoph Friedrich August von Hayek beschrieben. Insbesondere in seinen Werken *Die verhängnisvolle Anmaßung*[48] und *Die überschätzte Vernunft*[49] beschreibt er ausführlich den Unterschied zwischen der

---

48 Hayek, Friedrich August von: Die verhängnisvolle Anmaßung. Die Irrtümer des Sozialismus, hrsg. v. Viktor Vanberg (Gesammelte Schriften Bd. 7), Tübingen 2011.
49 Hayek, Friedrich August von: Die überschätzte Vernunft, in: ders.: Wirtschaftstheorie und Wissen. Aufsätze zur Erkenntnis- und Wissenschaftstheorie, hrsg. v. Viktor Vanberg (Gesammelte Schriften Bd. 1), Tübingen 2007, 109-136.

Kleingruppe und der großen Gesellschaft. Letztere ist ein noch verhältnismäßig junges Phänomen: „Erst die Zivilisation brachte Differenzierung und Individualisierung. Primitives Denken besteht hauptsächlich aus gemeinsamen Empfindungen der Mitglieder der kleineren Gruppe."[50]

Menschen neigen dazu, so Hayek, die Erwartungen, die sie legitimerweise an eine Kleingruppe richten, auch an Großgruppen zu richten. Es gelingt ihnen oft nicht, das Leben in zwei verschiedenen Ordnungen zu koordinieren. Hayek bezieht sich in dieser Beobachtung insbesondere auf die falsche Erwartung, dass die Großgruppe dasselbe Maß und dieselbe Art von Altruismus und Solidarität gewährleisten kann wie die Kleingruppe. Es sind die Hoffnungen, die der Sozialismus weckt. Doch nicht nur diese Versuchung des Sozialismus, sondern auch die Versuchung des Nationalismus lebt von den Kleingruppeninstinkten, die undifferenziert auf die Großgruppe übertragen werden.

Zwei unterschiedliche Staatskonzepte

Seit dem ersten Erscheinen von Staatlichkeit kennen wir zwei unterschiedliche Formen des staatlicher Verfasstheit: das inklusive und das exklusive. Inklusive Staaten sind darauf ausgelegt, eine möglichst große Menge an Land und Bevölkerung zu umfassen, während exklusive Staaten darauf bedacht sind, eine klar umrissene Gruppe zu schützen. Die großen Imperien der Weltgeschichte waren inklusive Staaten – angefangen bei den Rei-

---

50 Hayek, Vernunft, 110.

chen der Perser und Alexanders des Großen über das Römische Reich in seinen unterschiedlichen Ausprägungen, von der frührömischen Republik bis zum Habsburger Franz II., bis hin zum kolonialen Großbritannien und den USA. Exklusive Staaten waren beispielsweise die Stadtstaaten des antiken Griechenland und auch die modernen Nationalstaaten. Weil inklusive Staaten stets auf Ausweitung zielen, ist nicht Abgrenzung das Charakteristikum dieser Staaten, sondern ein verhältnismäßig hohes Maß an Toleranz gegenüber anderen Kulturen. Exklusive Staaten hingegen werden gerade dadurch charakterisiert, dass sie auf die Reinheit und Einheit des kulturellen Kontextes achten. Dieses Staatsverständnis ist die Quelle des Nationalismus.[51]

Karl Popper beschreibt in seinem Werk *Die offene Gesellschaft und ihre Feinde*[52] ausführlich das Phänomen des Nationalismus. Er macht den Untergang des – von Platon und Aristoteles noch eifrig befeuerten – Konzepts eines Proto-Nationalismus fest am Auftreten Alexanders des Großen: „Seit Alexander waren alle zivilisierten Staaten Europas und Asiens übernationale Staaten, Imperien, die Völker sehr verschiedenen Ursprungs umfaßten. Die europäische Zivilisation und alle politischen Einheiten, die ihr angehö-

---

[51] Vgl. Hayek, Friedrich August von: Der Weg zur Knechtschaft, München 2003, 179: „Der Gegensatz zwischen ‚uns' und den ‚andern' und der gemeinsame Kampf gegen die Gruppe der Fremdem scheint das wesentliche Element jedes Glaubens zu sein, der eine Gruppe für eine gemeinsame Aktion fest zusammenkittet. Es ist daher ein Element, dessen sich immer diejenigen bedienen, die nicht nur die Unterstützung einer bestimmten Politik, sondern ein unbedingtes Gefolgschaftsverhältnis breiter Massen suchen."
[52] Popper, Karl R.: Die offene Gesellschaft und ihre Feinde. 2 Bde., hrsg. v. Hubert Kiesewetter, Tübingen 82003.

ren, sind seitdem international, oder genauer gesagt, intertribal geblieben."[53] Popper erkennt ein Wiederauftauchen des Prinzips der Nationalstaaten erst im 18. und vor allem im 19. Jahrhundert[54]. Diese auf den ersten Blick überraschende Wiederkehr eines archaischen Phänomens hängt zusammen mit geistesgeschichtlichen Entwicklungen im Gefolge der Aufklärung.

Volkssouveränität und Nation

Jean-Jacques Rousseau hatte im Kontext der emanzipatorischen Bewegungen des 18. Jahrhunderts in seinem Werk *Vom Gesellschaftsvertrag oder Grundsätze des Staatsrechts* die Idee der Volkssouveränität in den Diskurs eingeführt. Souverän war in dieser Theorie nicht mehr ein einzelner Herrscher, sondern die Gesamtheit des Volkes, das seine Souveränität als allgemeinen Willen ausübt. Dieser allgemeine Wille, festgehalten im Gesellschaftsvertrag, setzt an die Stelle der individuellen Freiheit eine behauptete Freiheit, die durch die Zugehörigkeit zum Kollektiv definiert wird. Rousseau spricht von dem Gesellschaftsvertrag als einer Übereinkunft, „die allein die anderen ermächtigt, daß, wer immer sich weigert, dem Gemeinwillen zu folgen, von der gesamten Körperschaft dazu gezwungen wird, was nichts anderes heißt, als daß man ihn zwingt, frei zu sein; denn dies ist die Bedingung, die den einzelnen Bürger vor jeder persönlichen Abhängigkeit schützt, indem sie ihn dem Vaterland übergibt"[55]. Rousseau war also alles

---

53 Popper, Gesellschaft, Bd. 2, 61.
54 Vgl. ebd.: „Bis vor ungefähr hundert Jahren war der platonisch-aristotelische Nationalismus aus den politischen Theorien praktisch verschwunden."
55 Rousseau, Jean-Jacques: Vom Gesellschaftsvertrag oder Grundsätze des

andere als ein emanzipatorischer Denker, auch wenn er und andere diesen Anspruch erhoben haben.

An die Stelle der Willkür eines Einzelnen über das Leben der Menschen tritt ein angenommener Wille der Gesamtheit. Es gelang Rousseau nicht, zu erkennen, dass dieser Wille rasch in eine Willkür der Masse umschlägt. Entgegen seiner ursprünglichen Absicht bekämpfte Rousseau de facto nicht den Absolutismus, sondern perfektionierte ihn. War schon unter den französischen Königen der Absolutismus weniger ein Absolutismus des Herrschers als einer des Staates gewesen, so sorgte Rousseau mit seiner philosophischen Begründung des Kollektivismus dafür, den Absolutismus vollends zu entpersonalisieren. Schlimmer als der Absolutismus einer Person kann nur der Absolutismus einer anonymen und nicht fassbaren Masse sein.[56]

Die metaphysische Überhöhung der Nation

Wie Rousseaus Verweis auf das Vaterland bereits zeigt, wurde mit dieser Theorie auch die Vorstellung einer Nation grundgelegt. Wie anders konnte sich der allgemeine Wille manifestieren als in einer Nation? Popper bemerkt dazu: „Das Volk, einmal mit einem Willen versehen, mußte nun zu einer Überperson erhoben werden."[57] Diese metaphysische Überhöhung des Volkes zu einer Nation wurde begünstigt durch das Verschwinden von Re-

---

Staatsrechts, Stuttgart 1977, 21.
56 Vgl. dazu: Kedourie, Elie: Nationalismus, München 1971.
57 Popper, Gesellschaft, Bd. 2, 63.

ligiosität.⁵⁸ James Buchanan spricht von dem Nationalstaat als „einem mehr oder weniger natürlichen Auffangbecken für die Gefühle jener Menschen, denen Gott abhandengekommen war. ... Das Individuum, das familienähnlichen Schutz suchte, ein solches Behütetsein jedoch nicht länger in der Kirche oder bei dem durch sie verkörperten Gott verspürte, fand einen Ersatz im Kollektiv."⁵⁹ Das Bedürfnis nach Halt und Identität jenseits der Grenzen dieser Welt suchte sich nach dem Wegfall traditioneller religiöser Vorstellungen neue Vorstellungen, auf die es seine Sehnsucht und Hoffnung setzen konnte. Eine dieser Vorstellungen war die Nation. Das wird schon phänotypisch deutlich beim Blick auf die Darstellung der Nation in Bild und Wort, die sich im Laufe des 19. Jahrhunderts herausbildete.

Teil der metaphysischen Überhöhung der Nation war auch der Versuch, sie aus ihrem historischen Kontext zu befreien. Als transzendente Entität durfte die Nation nicht mehr der Veränderlichkeit unterworfen sein. In seinem Aufsatz *Nationality* beschreibt der englische Historiker Lord John Acton diese Veränderung in der Wahrnehmung sehr präzise am Beispiel Frankreichs während der Revolution: „Das historische Frankreich war identisch mit dem

---

58 Vgl. Anderson, Eugene N.: Nationalism and the Cultural Crisis in Prussia 1806-1815, London 1967, 13: „Der Nationalismus wuchs heran als das orthodoxe Christentum verfiel, er ersetzte letzteren durch den Glauben an eine besondere mystische Erfahrung". (Übersetzung in: Popper, Gesellschaft, Bd. 2, 67.)

59 Buchanan, James: Die Furcht vor der Freiheit: Abhängigkeit als Wille und Wunschvorstellung, in: Horn, Karen/Schwarz, Gerhard: Der Wert der Werte. Über die moralischen Grundlagen der westlichen Zivilisation, Zürich 2012, 238-261, 251.

französischen Staat, der über Jahrhunderte gewachsen war. ... Die neue Zentralgewalt musste auf einem neuen Einigkeitsprinzip begründet werden. Der Naturzustand, der das Ideal der Gesellschaft war, wurde zur Basis der Nation. Abstammung trat an den Platz von Tradition und die Franzosen wurden als physisches Produkt angesehen: als völkische und nicht historische Einheit. Man nahm an, dass es eine Einheit gibt, die jenseits der politischen Sphäre liegt, und völlig unabhängig ist von der Vergangenheit. Eine Einheit, die zu jeder Zeit ihren Willen äußern und auch verändern kann. ... Es gab eine Macht, die dem Staat übergeordnet war, getrennt und unabhängig von dessen Bürgern. Und zum ersten Mal in der Geschichte wurde die Vorstellung einer abstrakten Nation formuliert. Auf diese Weise brachte die Idee der Volkssouveränität, die keiner Kontrolle durch die Vergangenheit unterliegt, das Konzept der Nationalität hervor, die unabhängig ist von dem Einfluss der Geschichte. ... Frankreich war nicht mehr gebunden durch die Einschränkungen, die es durch die verhasste Geschichte erfahren hatte; es konnte sich nur noch durch jene gebunden fühlen, die durch die Natur gesetzt werden."[60]

Eine besonders populäre Variante der Begründung des Konzepts Nation ist die Vorstellung einer Kulturnation. Sie unterscheidet sich meist nur scheinbar vom Konzept einer völkischen, durch Rassenzugehörigkeit bestimmten Nation. Durch die Qualifikation bestimmter kultureller Errungenschaften oder Prägungen als lan-

---

[60] Acton, John: Nationality, in: ders.: Essays in the History of Liberty (Selected Writings Vol. 1), hrsg. v. J. Rufus Fears, Indianapolis 1985, 409-433, 415 (Übersetzung: d. Verf.).

destypisch liegt in den meisten Fällen der Schluss nahe, dass es sich um ethnisch begründete Vorzüge oder Eigenschaften handeln müsse. In der Regel sind Nationalstaaten jedoch viel zu groß, um einen signifikanten gemeinsamen kulturellen Nenner zu finden. Ausnahmen könnten höchstens Staaten von der Größe und Sozialstruktur Maltas, Luxemburgs oder Montenegros sein. Wenn sich das Bild von der Kulturnation etwa in der Kategorie des *Volk der Dichter und Denker* abspielt, ist die Abwegigkeit des Konzepts offensichtlich, da es sich um eine Zuschreibung der Eigenschaften einer (ohnehin meist eher kosmopolitischen) intellektuellen Elite auf ein ganzes Volk handelt. Aber auch wenn weniger elitäre landestypische Eigenschaften zur Begründung herangezogen werden, wird die Absurdität des Unterfangens klar: Die Frau aus dem Münsterland verbindet eben mit einer Niederländerin viel mehr als mit einer Schwäbin oder Sächsin. Und der Bankmanager aus Istanbul wird sich oft seinem australischen Kollegen näher fühlen als dem Kellner aus der gleichen Stadt. Miteinander identifizieren können sich nur Menschen, deren Lebensverhältnisse nah beieinander liegen.

Heimweh nach der Horde

Seit dem 17. Jahrhundert nahm die Entwicklung von Gesellschaft und Wissenschaft rapide an Fahrt auf. Entwicklungen, die sich bis dahin langsam und über Generationen vollzogen hatten, fanden nun in Jahrzehnten statt. Immer intensiver sind seitdem Menschen damit konfrontiert, sich auf Neues einzustellen: neue Erkenntnisse, technische Fortschritte und gesellschaftlichen Wandel. Zwar ist der Mensch prinzipiell ein auf Anpassung und mithin Fortschritt stark ausgerichtetes Lebewesen – sonst wären wir nicht dort, wo wir heute sind. Zugleich sind aber seine „angeborenen Instinkte ... nicht für eine Gesellschaft geschaffen wie die, in der er heute lebt. Die Instinkte waren dem Leben in den kleinen Gruppen angepaßt, in denen er in den Jahrtausenden der Entwicklung des Menschengeschlechts zusammengeschlossen war."[61] Diese kleinen Gruppen waren kaum auf Veränderung ausgerichtet und boten keinen Verstehenshorizont für die Komplexität und Dynamik der Gesellschaften der erweiterten Ordnung. Denn „diese genetisch vererbten Instinkte dienten dazu, das Zusammenwirken der Angehörigen der Horde zu steuern, ein Zusammenwirken, das zwangsläufig auf die eng begrenzte Interaktion von Menschen, die einander kannten und vertrauten, beschränkt war."[62] Fremdes, Neues, das von außerhalb der Gruppe und des vertrauten Kontext kommt, bringt unsere Instinkte also oft zunächst in Alarmstellung.

Die sich beschleunigende Veränderung unseres gesamten Umfeldes führte dazu, dass viele Menschen sich in die Ersatzreligion des Nationalismus flüchteten, um dort Halt in einer schwankenden Welt zu bekommen. Obwohl wesentlich unüberschaubarer als die Horde, vermittelt die Vorstellung der Nation doch jenes Gefühl der Geborgenheit und Sicherheit, das kennzeichnend für die Kleingruppe ist. Hoffmann von Fallerslebens *Lied der Deutschen* von 1841 bringt dieses Gefühl bereits in der ersten Strophe zum Ausdruck: „Deutschland, Deutschland über alles, über alles in

---

61 Hayek, Vernunft, 109.
62 Hayek, Anmaßung, 10.

der Welt, wenn es stets zu Schutz und Trutze brüderlich zusammenhält". Die Nation wird wie eine große Familie beschrieben, die Geborgenheit vermittelt und deren Gemeinschaft von zu großer Selbstverantwortlichkeit befreit: „Der Nationalismus wendet sich an unsere Stammesinstinkte, er wendet sich an Leidenschaft und Vorurteil, an unseren nostalgischen Wunsch, von der Last individueller Verantwortung befreit zu werden, die er durch eine kollektive oder Gruppenverantwortung zu ersetzen sucht."[63]

Nation und Wohlfahrtsstaat

Es ist kein Zufall, dass gleichzeitig mit den National- auch die Wohlfahrtsstaaten massiv gewachsen sind. Beide Formen moderner Staatlichkeit haben ähnliche Wurzeln. Mit der emotionalen Geborgenheit im Familienverband der Nation sollte auch die materielle Geborgenheit im Wohlfahrtsstaat einhergehen. Wieder ist die Bildsprache verräterisch: Die Kinder einer Nation vertrauen sich einem starken Vater Staat an, der für sie sorgt. Der Nationalismus, so Popper, „erfüllt den Wunsch der Menschen, ihren bestimmten Platz in der Welt zu finden und zu kennen, sowie das Bedürfnis, einem mächtigen Kollektivkörper anzugehören."[64] Man könnte ergänzen: ... einem mächtigen Kollektivkörper anzugehören, der ihnen ihre Verantwortung abnimmt und für sie sorgt.

Nationalismus und Sozialismus sind auch deswegen Zwillingsbrü-

---

63 Popper, Gesellschaft, Bd. 2, 60.
64 Ebd. 77.

der[65], weil beide aus der Vorstellung leben, man könne legitime und angemessene Verhaltensweisen aus dem Kontext der Kleingruppe auf die Großgruppe übertragen[66]. Intimität und Solidarität werden für einen Bereich eingefordert, in dem sie weder technisch möglich noch von unserer Psyche zu leisten sind. Gleichzeitig ist der Wohlfahrtsstaat auf einen Nationalstaat angewiesen: Um wirkungsvoll umverteilen zu können, sind eine überschaubare Menge an Zahlern und Empfängern, eine nicht zu starke Disparität der Lebensverhältnisse und in der Regel auch ein gemeinsamer kultureller Kontext notwendig.[67] Der oben beschriebene exklusive Staat ist also weitaus geeigneter zur Verwirklichung eines Wohlfahrtsstaates als der inklusive Staat. Der Wohlfahrtsstaat wiederum hat dem Nationalstaat noch eine weitere Ebene

---

65 Vgl. Hayek, Friedrich August von: Die Verfassung der Freiheit, hrsg. v. Alfred Bosch/Reinhold Veit (Gesammelte Schriften Bd. 3), Tübingen 42005, 526: „Ich will nur noch hinzufügen, daß dieser Hang zum Nationalismus oft die Brücke vom Konservatismus zum Kollektivismus bildet: von Gedanken an 'unsere' Industrie oder 'unsere' Naturschätze ist es nur ein kleiner Schritt zu der Folgerung, daß diese nationalen Vermögenswerte im nationalen Interesse gelenkt werden sollen."
66 Vgl. Buchanan, Furcht, 251: „Das Individuum konnte sich als ‚zugehörig' zu einer größeren Gemeinschaft fühlen und hing notwendig auch von dieser Gemeinschaft ab. Der Tod Gottes und die Geburt des Nationalstaats, besonders in seinem jüngeren Gewand als Wohlfahrtsstaat, sind in dieser Hinsicht die zwei Seiten derselben historischen Medaille."
67 Vgl. Hayek, Knechtschaft, 179f: „Man kann sich in der Tat fragen, ob überhaupt ein kollektivistisches Programm vorstellbar ist, das nicht auf eine begrenzte Gruppe zugeschnitten ist, ob also der Kollektivismus anders denn als eine Art Partikularismus existieren kann, als Partikularismus einer bestimmten Nation (Nationalismus), einer bestimmten Rasse oder einer bestimmten Klasse."

der Legitimität verliehen: Dessen Charakter erlaubt und fordert zugleich umfangreiche Wohlfahrtsmaßnahmen. Gemeinsame Zugehörigkeit zur Familie der Nation verpflichtet eben auch zu familiärer Solidarität.

Der privilegierte und der ausgeschlossene Fremde

Die Idee der Nation ist notwendigerweise mit einer Unterscheidung zweier Arten von Fremden verbunden, da die Nation stets mehr umfasst als nur eine Kleingruppe, in der alle Gruppenmitglieder miteinander bekannt und vertraut sind. Es gibt also einander fremde Menschen, die das Privileg genießen, zur Solidargemeinschaft der Nation dazuzugehören. Und es gibt solche, die davon ausgeschlossen sind, weil sie nicht die Kriterien erfüllen, die sie zu Mitgliedern der Nation machen. Sie sind im falschen Land geboren; haben den falschen Pass; gehören nicht dem richtigen kulturellen Kontext oder der richtigen Rasse an. In modernen Nationalstaaten außerhalb der Dritten Welt ist die Zugehörigkeit zur Nation für den privilegierten Fremden mit zahlreichen Vorteilen verbunden: Diese reichen von der Zugehörigkeit zu einem stabilen Gemeinwesen bis hin zu sehr umfangreichen finanziellen Unterstützungen durch die Solidargemeinschaft der Nation.

Für die eigene Kleingruppe sind Menschen zu Einschränkungen und Opfern bereit. Denn „die Instinkte, die das Individuum genetisch ererbt hat, dienten dazu, die Zusammenarbeit der Mitglieder der kleinen Gruppe zu lenken ... Das war notwendigerweise eine eng umschriebene Kooperation einander kennender Individuen"[68]. Einem unbekannten Fremden wird diese Solidarität eigentlich nur entgegengebracht, wenn religiöse oder ethische Gründe dies gebieten. Und selbst in solchen Fällen ist die Solidarität in der Regel auch zeitlich, qualitativ und quantitativ beschränkt. Das Konzept des Nationalstaates verschleiert die Tatsache, dass hier einander fremde Personen in eine Solidargemeinschaft gebracht werden, durch die Illusion, es handle sich bei der Nation um eine Art Kleingruppe[69]. Obwohl man mit dem allergrößten Teil der Bürger eines Landes in keinerlei persönlicher Verbindung steht, gewährt man ihnen mittels des Staates Solidarität. Gleichzeitig werden alle Menschen außerhalb der Nation von dieser Solidarität ausgeschlossen, obwohl sie einem ebenso wenig nahestehen. Unter Umständen wäre man sogar eher zu Akten der Solidarität gegenüber anderen Menschen auf dieser Welt bereit. Darauf nimmt das Konzept der Nation jedoch keine Rücksicht: Berechtigt zum Zugang zur gemeinschaftlichen Solidarität sind lediglich die privilegierten Fremden, die einen Pass des Landes besitzen. „Wenn ein englischer Proletarier ein Recht hat, an dem heutigen englischen Kapitaleinkommen und an der Bestimmung über seine Verwen-

---

[68] Hayek, Vernunft, 110.
[69] Vgl. Hayek, Friedrich August von: Recht, Gesetz und Freiheit, hrsg. v. Viktor Vanberg (Gesammelte Schriften Bd. 4), Tübingen 2003, 241: „Betrachten wir den internationalen Bereich, so sticht sofort das völlige Fehlen eines anerkannten Kriteriums ‚sozialer Gerechtigkeit' oder irgendwelcher gängiger Grundsätze ins Auge, aus denen solch ein Kriterium herzuleiten wäre, während auf nationaler Ebene die meisten Menschen immer noch meinen, das, was für sie in der Gesellschaft, in der man einander von Angesicht zu Angesicht kennt, ein vertrauter Gedanke ist, müsse auch für die staatliche Politik oder den Einsatz staatlicher Macht eine gewisse Gültigkeit haben."

dung beteiligt zu werden, weil es auf Ausbeutung beruht, dann hätten nach demselben Grundsatz alle Inder ein Anrecht nicht nur auf das Einkommen, sondern auch auf die Verfügung über einen entsprechenden Anteil des britischen Kapitals. ... Was die Sozialisten als Pflicht gegenüber den eigenen Volksgenossen bezeichnen, verweigern sie dem Ausländer."[70]

Nation auf dem absteigenden Ast

Die Herausforderungen an das menschliche Zusammenleben nehmen ständig zu und fordern eine immer schnellere Anpassung an neue Bedingungen. Globalisierung, technischer Fortschritt, wachsende Mobilität und immer besserer Zugang zu Informationen tragen dazu bei, dass Veränderungen immer rascher vonstattengehen. Die zunehmende Vernetzung unserer Welt führt dazu, dass die Kleingruppen, aus denen wir unsere Identität beziehen, immer instabiler oder zumindest volatiler werden. Viele Menschen leben inzwischen nicht mehr in der Region, oftmals nicht einmal mehr in dem Land, in dem sie geboren sind. Möglichkeiten zum Reisen und zu ausgedehnten Aufenthalten im Ausland bringen uns andere Kulturen und Lebensweisen näher. Gleichzeitig wächst durch Mobilität und Migration die Vielfalt in fast allen Ländern dieser Welt. Informationsmedien wie Fernsehen und vor allem das Internet eröffnen neue Perspektiven auf die Welt außerhalb unserer unmittelbaren Umgebung. Die Richtung, in die sich die Welt bewegt, wurde schon 1945 von Karl Popper beschrieben als Offene Gesellschaft; es ist der Weg „ins Unbe-

---

70 Hayek, Knechtschaft, 180.

kannte, ins Ungewisse und ins Unsichere"[71], der keine „Rückkehr in einen harmonischen Naturzustand"[72] zulässt.

Vielleicht werden zukünftige Generationen den Nationalismus und all seine Spielarten wie etwa den religiösen Fundamentalismus als den verzweifelten Versuch unserer Kleingruppen-Instinkte deuten, sich aus den Herausforderungen einer Offenen Gesellschaft zu flüchten. Als düsteres Intermezzo auf einem unaufhaltsamen Weg: „Der moderne Kollektivismus ist ein Rückfall in [den] Zustand des Wilden, ein Versuch, [die] starken Bande innerhalb der engen Gruppe, die die Bildung erweiterter, aber loser Zusammenschlüsse verhinderten, wiederherzustellen."[73] Dieser Rückfall wäre nur zu haben um den Preis der Aufgabe aller Segnungen der Zivilisation: Wohlstand, Mobilität, Information sind beständige Bedrohungen der geschlossenen Gesellschaft, der Horde, die um das Konzept einer Nation herum eine ihrer letzten Bastionen baut. Die Nation kämpft nur noch Rückzugsgefechte.

Staatlichkeit jenseits von Nation

Wir sind oft gedanklich gefangen im Status quo. Ein von der Idee

---

71 Popper, Karl R.: Die offene Gesellschaft und ihre Feinde. Bd. 1: Der Zauber Platons, hrsg. v. Hubert Kiesewetter, Tübingen 2003, 239.
72 Ebd., 238.
73 Hayek, Vernunft, 110; vgl. Popper, Gesellschaft, Bd. 1, 237: „Dieser Traum von Einheit, Schönheit und Vollkommenheit, dieser Ästhetizismus, Holismus und Kollektivismus, ist sowohl das Produkt als auch das Symptom des verlorengegangenen Gruppengeistes des Stammestums. Es drückt die Gefühle und Hoffnungen aller Menschen aus, die unter der Last der Zivilisation leiden, und er appelliert an diese Gefühle."

der Nation losgelöstes Konzept der Staatlichkeit ist derzeit nicht vorstellbar. Selbst die eigentlich supranational konzipierte Europäische Union wird in den Sonntagsreden von Politikern mit einem nationalen Nimbus versehen. Die Schwierigkeiten bei dieser Vorstellung liegen vor allem darin begründet, dass der moderne Staat eine fast unübersehbare Fülle an Aufgaben übernommen hat. Wie oben bereits dargestellt, geht die Etablierung des Nationalstaats auch einher mit der zunehmenden Aktivität des Staates. Aus rein fiskalischen Gründen müssen umfassende Wohlfahrtsstaaten, wie sie inzwischen nicht mehr nur in den westlichen Ländern existieren, geschlossene Grenzen haben. Diese Grenzen mögen durch Metaerzählungen und politische Mythen wohlbegründet sein: Man beschwört eine gemeinsame Geschichte, eine gemeinsame Kultur, beruft sich auf Sprache oder Rasse. Die Berufung auf historische Ereignisse oder Persönlichkeiten oder die Tatsache einer gemeinsamen Sprache können aber nicht jene Erfahrungen des Vertrauens und der Solidarität ersetzen, die eine Kleingruppe bietet.

Staatlichkeit oder Organisation des Zusammenlebens bedarf aber auch gar nicht des Konstrukts einer nationalen Identität. Wenn man den Staat wieder auf seine unverzichtbaren Kernaufgaben beschränkt, ist die Fiktion einer Nation überflüssig. Ein Staat, der sich auf die Durchsetzung der Herrschaft des Rechts und die Sicherung der Freiheit und Unversehrtheit seiner Bürger konzentriert, ist ein Staat, der für jeden zugänglich sein kann. Er könnte die moderne, non-imperialistische Variante des inklusiven Staates sein. Er ist ein Staat, der nicht mehr Privilegien an eine exklusive Gruppe verteilt. Er ist vielmehr ein Staat, der jedem offen steht, der bereit ist, sich an die Regeln dieses auf seine Kernkompetenzen beschränkten Staates einzulassen. Diese Kernkompetenzen hat Wilhelm von Humboldt im Jahr 1792, also vor dem Aufstieg des Nationalismus in Europa, klar beschrieben in seinem Werk Ideen zu einem Versuch, die Grenzen der Wirksamkeit des Staates zu bestimmen. Er konstatiert, „daß die Erhaltung der Sicherheit sowohl gegen auswärtige Feinde als innerliche Zwistigkeiten den Zweck des Staates ausmachen und seine Wirksamkeit beschäftigen muß, ... daß er die Grenzen seiner Wirksamkeit wenigstens nicht weiter ausdehnen dürfe."[74]

Eine Welt ohne Nationalstaaten ist eine gerechtere Welt

Insbesondere viele westliche und wohlhabende Nationalstaaten versorgen ihre Bürger heute mit enormen Wohltaten. Das geht oft zulasten anderer Menschen auf dieser Erde. Zumindest aber werden andere Menschen davon ausgeschlossen. Dieses Ausschließen kann nur begründet werden mithilfe des Konstrukts der Nation. Fällt dieses Konstrukt, entfallen auch vernünftige Gründe, prinzipiell jedem das Recht zuzugestehen, sich an dem Ort seiner Wahl niederzulassen. Bevor sich die Nationalstaaten durchsetzten, war dies auch durchaus eine gängige Praxis. Ehe Menschen kollektiv und wertend eingeteilt wurden nach Geburt oder Rasse, war die Welt insgesamt gerechter. Wenn heute wieder die Debatte losbricht über die Ungleichheit in der Welt, über die sich

---

74 Humboldt, Wilhelm von: Ideen zu einem Versuch, die Grenzen der Wirksamkeit des Staates zu bestimmen, Stuttgart 1967, 59.

öffnende Schere zwischen Arm und Reich, dann sollten nicht die Ungleichheiten innerhalb der geschützten und abgeschotteten National- und Wohlfahrtsstaaten des Westens im Fokus stehen. Dann wäre es vielmehr an der Zeit, über die globale Ungleichheit zu sprechen, deren Wurzeln im Nationalismus liegen. Die eigentliche Ungerechtigkeit liegt nicht darin, dass einige reicher sind als andere. Die eigentliche Ungerechtigkeit liegt darin, dass nicht jeder Mensch die gleichen Chancen hat, reicher zu werden. Wie die Geschichte der westlichen Wohlfahrtsstaaten und noch viel mehr der sozialistischen Staaten zeigt, ist dies aber keine Frage der richtigen Umverteilung. Es ist eine Frage der Freiheit. Und der Freiheit steht kaum ein Konzept so deutlich entgegen wie das des Nationalstaats.

Literatur

Acton, John, Nationality: in: ders.: Essays in the History of Liberty (Selected Writings Vol. 1), hrsg. v. J. Rufus Fears, Indianapolis 1985, 409-433.

Anderson, Eugene N., Nationalism and the Cultural Crisis in Prussia 1806-1815, London 1967.

Buchanan, James: Die Furcht vor der Freiheit: Abhängigkeit als Wille und Wunschvorstellung, in: Horn, Karen/Schwarz, Gerhard: Der Wert der Werte. Über die moralischen Grundlagen der westlichen Zivilisation, Zürich 2012, 238-261.

Hayek, Friedrich August von: Der Weg zur Knechtschaft, München 2003.

Hayek, Friedrich August von: Die überschätzte Vernunft, in: ders.: Wirtschaftstheorie und Wissen. Aufsätze zur Erkenntnis- und Wissenschaftstheorie, hrsg. v. Viktor Vanberg (Gesammelte Schriften Bd. 1), Tübingen 2007, 109-136.

Hayek, Friedrich August von: Die Verfassung der Freiheit, hrsg. v. Alfred Bosch/Reinhold Veit (Gesammelte Schriften Bd. 3), Tübingen 2005.

Hayek, Friedrich August von: Die verhängnisvolle Anmaßung. Die Irrtümer des Sozialismus, hrsg. v. Viktor Vanberg (Gesammelte Schriften Bd. 7), Tübingen 2011.

Hayek, Friedrich August von: Recht, Gesetz und Freiheit, hrsg. v. Viktor Vanberg (Gesammelte Schriften Bd. 4), Tübingen 2003.

Humboldt, Wilhelm von: Ideen zu einem Versuch, die Grenzen der Wirksamkeit des Staates zu bestimmen, Stuttgart 1967.

Kedourie, Elie: Nationalismus, München 1971.

Minogue, Kenneth R.: Nationalism, London 1967.

Popper, Karl R.: Die offene Gesellschaft und ihre Feinde. Bd. 1: Der Zauber Platons, hrsg. v. Hubert Kiesewetter, Tübingen 2003.

Popper, Karl R.: Die offene Gesellschaft und ihre Feinde. Bd. 2: Falsche Propheten: Hegel, Marx und die Folgen, hrsg. v. Hubert Kiesewetter, Tübingen 2003.

Rousseau, Jean-Jacques: Vom Gesellschaftsvertrag oder Grundsätze des Staatsrechts, Stuttgart 1977.

Offene Gesellschaft?

**Deutschland als
Zuwanderungs- und Einwanderungsland**

Annette Siemes

1. Migration nach Deutschland

Das Thema Migration mit den unterschiedlichen Schwerpunkten Zuwanderung und Einwanderung aus unterschiedlichen Gründen wie etwa Flucht, Vertreibung oder bewusste Auswanderung aus dem Heimatland um einen Arbeitsplatz zu suchen und zu finden, den das Heimatland nicht bieten kann – alle diese Motivationen haben Wanderungsbewegungen nach Deutschland und in die EU zu einem strittigen gesellschaftlichen Thema werden lassen, das eine hohe Relevanz für jede politische Agenda hat.

1.1. Die Zahlen: Wer kommt woher?

Zum Jahresende 2013 lebten mehr als 7,6 Mio. ausländische Staatsangehörige in Deutschland. Das sind 9,5 % der Gesamtbevölkerung (2012: 9,0 %). Dies geht aus Daten des Ausländerzentralregisters (AZR) hervor, die Anfang März 2014 vom Statistischen Bundesamt veröffentlicht wurden. Dabei handelt es sich um die höchste erfasste Zahl von ausländischen Staatsbürgern in Deutschland seit der Einführung ihrer Erhebung im Jahr 1967. Hohe Zuwächse waren aus Syrien sowie den mittel- und südosteuropäischen Staaten zu verzeichnen. Damit setzte sich der Trend eines wachsenden Ausländeranteils der vergangenen Jahre fort.[75]

44,1 % der ausländischen Staatsbürger in Deutschland kommen aus einem EU-Mitgliedstaat und 25,2 % aus Ländern, die als EU-Beitrittskandidaten gelten. So stellen türkische Staatsangehörige mit 1,5 Mio. Menschen zwar weiterhin die mit Abstand größte Gruppe (20,3 %), aufgrund von Einbürgerungen und Fortzügen wird diese jedoch kontinuierlich kleiner (-1,6 %). Staatsbürger aus den asiatischen Staaten stellen 12,6 % der ausländischen Bevölkerung, gefolgt von den Bürgern aus dem sonstigen Europa (9,4 %), aus afrikanischen (4,2 %) sowie den nord- und südamerikani-

---

[75] Gespeichert werden Daten von Personen, die keine deutsche Staatsbürgerschaft besitzen und sich mindestens drei Monate im Land aufhalten bzw. aufgehalten haben. Doppelstaatsbürger mit einer deutschen Staatsbürgerschaft sowie eingebürgerte Personen, die ihren Herkunftspass abgegeben haben, sind hierbei nicht erfasst.

schen Staaten (3,1 %).

Mit 7.258.446 Personen lebt der größte Teil in den alten Bundesländern einschließlich Berlins. Nur 305.182 ausländische Staatsangehörige leben in den fünf östlichen Ländern (aber mit hohen Zuwachsraten von 9,8 % bis 13,4 %).

Der Zuwachs der ausländischen Bevölkerung betrug im vergangenen Jahr 419.920 Personen, der höchste Wert seit dem Jahr 1992. Während Anfang der 1990er Jahre vor allem Asyl- und Spätaussiedlermigration eine zentrale Rolle spielten, gründet der Anstieg der letzten Jahre vor allem auf Zuwanderung aus EU-Staaten im Zuge der EU-Freizügigkeit. Der Wanderungssaldo zeigt, dass im vergangenen Jahr 518.753 Personen mehr nach Deutschland ein- als auswanderten. Zum Wachstum trug ein Geburtenüberschuss von 14.203 Personen bei. Aufgrund von Einbürgerungen wurden auch 113.036 Abgänge aus dem Ausländerzentralregister verzeichnet.

Drei Viertel der 419.920 Neuzugänge sind EU-Bürger, viele aus den EU10-Staaten, die 2004 der EU beigetreten sind.[76] Aus diesen Ländern, insbesondere aus Ungarn und Polen, verzeichnete Deutschland hohe Zuwanderungszahlen. Auch aus den jüngsten EU-Mitgliedstaaten Rumänien, Bulgarien und Kroatien war ein relativ hoher Zuwachs gegenüber dem Vorjahr zu beobachten, was

---

76 Die OECD kommt in ihrer Migrationsstudie vom Dezember 2014 bezogen auf das Jahr 2013 sogar auf 465.000 dauerhafte Immigranten, deren Beschäftigungsquote bei 68 Prozent liegt. In keinem anderen Land der 34 OECD-Staaten ist die Integration in den Arbeitsmarkt so gestiegen wie in Deutschland.

mit der Ausweitung der Freizügigkeit auf diese Herkunftsländer zusammenhängen dürfte. Aus den von der Schuldenkrise stark betroffenen südeuropäischen Staaten wanderten im vergangenen Jahr 63.719 Personen zu.

Ausländische Bevölkerung in Deutschland 2012/2013

Staatsangehörigkeit	Ausländische Bevölkerung 2012	Ausländische Bevölkerung 2013	Veränderung ggü. Vorjahr (absolut)	Veränderung ggü. Vorjahr (in %)
EU-28-Staaten	3.050.411	3.366.504	+316.093	10,4
EU-10-Staaten	800.018	927.083	+127.065	15,9
EU-3-Staaten	548.756	654.769	+106.013	19,3
Südeuropa*	1.068.462	1.132.181	+63.719	6,0
Nicht-EU-Staaten	4.163.297	4.267.124	+103.827	2,5
Insgesamt	**7.213.708**	**7.633.628**	**+419.920**	**5,8**

* Südeuropa: Spanien, Italien, Griechenland | Quelle: Statistisches Bundesamt

Quelle: http://www.migration-info.de/sites/migration-info.de/files/field/image/tabelle-auslanderanteil.jpg

Exkurs: Das Freizügigkeitsgesetz der EU

Unionsbürger haben in den Mitgliedstaaten der Europäischen Union ein Recht auf Freizügigkeit, also auf Ausreise aus ihrem Herkunftsmitgliedstaat und auf Einreise und Aufenthalt im Aufnahmemitgliedstaat, wenn sie im Aufnahmemitgliedstaat als Arbeitnehmer oder Selbstständige im Wirtschaftsleben erwerbstätig oder auf Arbeitssuche sind. Nicht erwerbstätige Unionsbürger haben dieses Recht, wenn sie im Aufnahmemitgliedstaat über ausreichende Existenzmittel und ausreichenden Krankenversicherungsschutz verfügen. Das Gleiche gilt für die Familienangehörigen, die den Unionsbürger begleiten oder ihm nachziehen.

Ausgenommen sind Einreise und Aufenthalt bis zu drei Monaten – hier reicht ein Personalausweis oder Reisepass aus (§§ 2, 3 FreizügG/EU).

Freizügigkeitsberechtigte Unionsbürger erhielten bis zum 28. Januar 2013 eine Freizügigkeitsbescheinigung; jetzt benötigen sie gar kein Aufenthaltsdokument mehr, ihre Familienangehörigen erhalten weiterhin eine Aufenthaltskarte. Bis zum Erwerb eines Daueraufenthaltsrechts (vgl. § 4a FreizügG/EU), das über eine Bescheinigung des Daueraufenthaltsrechts oder eine Daueraufenthaltskarte nachgewiesen wird, kann das Recht auf Einreise und Aufenthalt bei Wegfall der Freizügigkeitsvoraussetzungen verloren gehen. Ansonsten darf es „nur aus Gründen der öffentlichen Ordnung, Sicherheit oder Gesundheit" beschränkt werden (§ 6 Abs. 1 FreizügG/EU).

1.2. Das Asylrecht

Art. 16a Grundgesetz regelt, wer Asylberechtigter ist. Anträge werden vom Bundesamt für Migration und Flüchtlinge (BAMF) entsprechend entschieden. Um als asylberechtigt anerkannt zu werden, müssen folgende Voraussetzungen erfüllt sein: Die antragstellende Person muss Verfolgung erlitten haben bzw. ihr muss Gewalt oder Freiheitsentzug mit hoher Wahrscheinlichkeit im Herkunftsland bei Rückreise drohen. Ehegatten und minderjährige Kinder von Asylberechtigten erhalten in der Regel ebenfalls Asyl (Familienasyl). Sogenannte „Asylerhebliche Merkmale" sind zudem nach dem Wortlaut der Genfer Flüchtlingskonvention Rasse, Religion, Nationalität, Zugehörigkeit zu einer bestimmten sozialen Gruppe und politische Überzeugung (sogenannte GFK-Flüchtlinge).

Allgemeine Notsituationen – wie Armut, Bürgerkriege, Naturkatastrophen oder Arbeitslosigkeit – sind damit als Gründe für eine Asylgewährung ausgeschlossen. Erweiterter Abschiebeschutz und Geschlecht als Verfolgungsgrund werden anerkannt.

EU-weit gilt das *first country concept*, das heißt, der Grenzübertritt zum Erstland innerhalb des Schengen-Raumes macht dieses Land zum Aufnahmeland.[77]

Wer kommt, wer bleibt?

Sowohl bei den Zuzügen als auch bei den Fortzügen lässt sich nicht klären, ob die Zu- beziehungsweise Abwanderer einen vorübergehenden oder einen dauerhaften Aufenthalt im Zielland planen. Zuwanderer sind Flüchtlinge/Asylsuchende ebenso wie Arbeitsmigranten.

Die Gesamtzahl der Erstanträge von Asylsuchenden in Deutschland im Jahr 2000 lag noch bei 78.564. Die Antragsteller stammten vorwiegend aus den damaligen Krisenregionen wie den Balkangebieten (vor allem Serbien und dem Kosovo), aus der Türkei sowie dem Irak. Danach sank die Zahl der Anträge konti-

---

77 Bei zunehmenden Flüchtlingszahlen im Mittelmeerraum versuchen einige Erstländer, diese Regelung durch eine Nichterfassung der Identität des Flüchtenden zu umgehen, um nicht zum Aufnahmeland zu werden und eine umgehende Weiterleitung zu erlauben – häufig nach Deutschland.

nuierlich auf weniger als 20.000 im Jahr 2007.

Von Januar bis Juli 2013 gab es 52.754 Erstanträge von Asylsuchenden in Deutschland: Fast jeder Vierte kommt aus Russland, die zweitmeisten Asylsuchenden kommen aus Syrien. Die Zuwanderung aus Staaten außerhalb der Europäischen Union ist gegenüber 2012 leicht gestiegen, vor allem bei Syrern (+16.457) und Russen (+14.201). Hintergrund sind die gewaltsamen Konflikte in Syrien und der russischen Teilrepublik Tschetschenien. Mittlerweile bilden die Flüchtlingsströme, die in Nordafrika durch die Gewalt des IS ausgelöst wurden, eine weitere Gruppe.

Alle gestellten Anträge auf Asyl müssen vom Bundesamt für Migration (BAMF) anerkannt werden. Im Juli 2013 lag die Gesamtablehnungsquote für das laufende Jahr bei rund 40 Prozent. Die in der Mehrheitsgesellschaft häufig geäußerte Vermutung, jeder, der komme, könne auch bleiben, entspricht nicht der Realität. Vielmehr ist in der politischen Praxis nur ein reglementierter Zuzug möglich.

Aufenthaltsgestattung oder Ablehnung?

Während geprüft wird, ob einem Asylantrag stattgegeben wird, ist dem Asylbewerber der Aufenthalt in Deutschland erlaubt. Laut BAMF dauert es durchschnittlich rund acht Monate, bis über einen Antrag entschieden wird. In Einzelfällen kann das Verfahren bis zu 42 Monate dauern. Diese Fristen sollen durch personelle Verstärkung des BAMF nun verkürzt werden.

Die „Aufenthaltsgestattung" war bisher an einen bestimmten Ort gebunden, den die Behörden festgelegt hatten. Diese sogenannte Residenzpflicht schränkte die Bewegungsmöglichkeiten der Asylbewerber unnötig ein, weitere Auflagen waren möglich. Eine neue gesetzliche Regelung sieht neben der Abschaffung der Residenzpflicht ab dem vierten Monat im Aufnahmeland nun eine Arbeitserlaubnis für Asylbewerber und Geduldete nach drei Monaten und Vorrangprüfung vor.[78] Das Sachleistungs- wird durch das Geldleistungsprinzip ersetzt. Im Falle einer Ablehnung des Asylantrags als „offensichtlich unbegründet" (§ 30 Asylverfahrensgesetz) erlischt die Aufenthaltsgestattung bereits vor der Ablehnung des Asylantrags mit der Folge, dass der Asylbewerber ein etwaiges Gerichtsverfahren gegen die Ablehnung vom Ausland aus weiter betreiben muss. Auf Art. 16a Abs. 1 des Grundgesetzes kann sich nicht berufen, wer aus einem sicheren Drittstaat im Sinne des § 26a Abs. 2 des Asylverfahrensgesetzes einreist. (Der Flüchtlingsschutz nach der Genfer Flüchtlingskonvention wird aber dadurch nicht ausgeschlossen.)

Nach der Ablehnung eines Asylantrages droht die Abschiebung, d.h., die von Behörden erzwungene Ausreise von Menschen in ein anderes Land. Abschiebungen werden fast immer per Flugzeug

---

78 Das ist ein Schritt in die richtige Richtung, erfüllt aber nicht die liberale Forderung nach einer Arbeitserlaubnis ab dem ersten Tag. Die Vorrangprüfung sollte grundsätzlich abgeschafft werden. Gerade das Recht auf Arbeit fördert Teilhabe und trägt zu einer Identifikation mit der Aufnahmegesellschaft bei. Asylkompromiß im Bundesrat vom 19. September 2014, Referentenentwurf BMI

durchgeführt. Teilweise finden Abschiebungen in Polizeibegleitung statt, auch werden dabei manchmal Zwangsmittel wie Fesselungen und ruhigstellende Medikamente verwendet. Die Abschiebung zieht ein Wiedereinreiseverbot nach sich. Dieses Verbot kann auf Antrag befristet werden. Wer trotz Verbots wieder einreist, auch wenn die Abschiebung schon viele Jahre her ist, macht sich strafbar. Es gibt aber zwingende Gründe, die eine Abschiebung ausschließen: Unterschieden werden zielstaatsbezogene Abschiebungshindernisse und inlandsbezogene Abschiebungshindernisse. Von einem zielstaatsbezogenen Abschiebungshindernis spricht man, wenn die Asylbehörde feststellt, dass einem Flüchtling bei Rückkehr zum Beispiel Folter oder andere ernste Gefahren drohen. Kann eine Abschiebung aus anderen Gründen nicht stattfinden – zum Beispiel bei Reiseunfähigkeit oder weil kein Pass vorliegt – spricht man von einem inlandsbezogenen Abschiebungshindernis. Dies bedeutet oft nur eine Duldung und die Verschiebung der erzwungenen Ausreise auf einen späteren Zeitpunkt.

Die *Duldung* ist eine Bescheinigung darüber, dass die Abschiebung vorerst nicht vollzogen wird. Eine Duldung erhält, wer Deutschland verlassen muss, aber (noch) nicht abgeschoben werden kann, zum Beispiel weil kein Pass vorliegt, wegen einer Erkrankung oder weil es keine Möglichkeit gibt, eine Kriegsregion sicher zu erreichen. Diese Regelung hat in den vergangenen Jahren die Praxis der Kettenduldung ermöglicht, d.h., mit immer neuen Duldungsgründen wurde eine Verlängerung des Aufenthaltes im Aufnahmeland erreicht. Diese Entwicklung konterkariert den ursprünglichen Sinn einer Duldung, die lediglich als einmalige Maßnahme bis zum endgültigen Entscheid vorgesehen war.

Mit der Änderung des Grundrechts auf Asyl 1992 wurde das Instrument der *Flughafenverfahren* als Asylsonderverfahren eingeführt. Hiervon erfasst sind Asylsuchende aus als sicher geltenden Herkunftsländern und alle Flüchtlinge ohne Ausweis, die an einem Flughafen Asyl beantragen[79]. Sie dürfen das Flughafengelände nicht verlassen, werden im Transitbereich untergebracht und im Schnellverfahren angehört. Nur bei einer positiven Asylentscheidung oder wenn das BAMF nicht innerhalb von zwei Tagen eine Entscheidung trifft, darf der Flüchtling einreisen und das normale Asylverfahren durchlaufen. Wer im Flughafenverfahren als *offensichtlich unbegründet* abgelehnt wird, kann abgeschoben werden, ohne dass ein Gericht die Asylentscheidung noch einmal überprüft. Dies kann der Flüchtling nur mit einem Antrag auf Eilrechtschutz verhindern. Dieser wird allerdings höchst selten gewährt.

Die europäischen Staaten haben sich darauf geeinigt, dass jeder Flüchtling nur in *einem* EU-Staat ein Asylverfahren erhalten soll. Welcher Staat dies im Einzelfall ist, haben sie in der Dublin-II-Verordnung geregelt. Meist gilt, dass derjenige Staat für das Asylverfahren zuständig ist, den der Flüchtling zuerst betreten hat. Wenn also ein Flüchtling über Italien nach Deutschland eingereist

---

79 Falls sie nicht ohnehin in einen zuständigen Staat nach der „Dublin-II-Verordnung" zurückgeschickt werden. Um diese Abschiebung zu erleichtern, hat die Bundesregierung die Zahl der als sicher qualifizierten Herkunftsländer um Serbien, Mazedonien und Bosnien-Herzegowina erhöht. Aus diesen Balkan-Staaten kommen vor allem Roma nach Deutschland, deren Anträge auch nach bisher geltendem Recht überwiegend abgelehnt wurden. (Die Anerkennungsquote 2013 liegt bei 0,3 Prozent, BAMF). Siehe Asylkompromiss im Bundesrat vom 19. September 2014, Referentenentwurf BMI.

ist, lehnt die Bundesrepublik es ab, ein Asylverfahren durchzuführen und betreibt die Abschiebung der Betroffenen nach Italien.

2. Migranten und Personen mit Migrationshintergrund

Unter *Migranten* werden alle Zuwanderer verstanden, die aktuell nach Deutschland kommen. Von Migration spricht man, wenn eine Person auf Zeit oder dauerhaft ihren Lebensmittelpunkt räumlich verlegt. Von internationaler Migration spricht man dann, wenn dies über Staatsgrenzen hinweg geschieht. Innerhalb eines Landes spricht man von Binnenmigration[80]. Flüchtlinge sind im Prinzip auch Migranten, allerdings werden hierunter in den meisten Fällen in erster Linie Personen mit den Motiven der Verbesserung der jeweiligen Lebensverhältnisse (z.B. Arbeitsmigration) und nicht solche mit den Hintergründen Gewalt und allgemeine Sicherheitsbedingungen im Heimatland gefasst. Personen mit *Migrationshintergrund* können selber eine Migrationserfahrung haben, müssen das aber nicht. Meist werden hierunter in Deutschland geborene und aufgewachsene Nachkommen von Migranten verstanden. Dieses Kriterium umfasst mehrere Generationen.[81]

---

80 Diese Definition führte das BAMF 2005 ein. In Anlehnung hieran werden unter Migranten in den meisten Erhebungen die Menschen verstanden, die bereits einen anerkannten Status im Aufnahmeland haben.
81 Einführung als statistisches Ordnungskriterium zur Beschreibung einer Bevölkerungsgruppe. Einen Migrationshintergrund haben „alle nach 1949 auf das

2.1. Was bedeutet Migration für Deutschland?

Deutschland ist ein Einwanderungsland. Jede sechste Ehe ist bikulturell, jeder Fünfte hat einen Migrationshintergrund, jedes vierte Kind hat einen Migrationshintergrund[82]. In Ballungsräumen und Großstädten ist es bereits jeder dritte Bürger; laut Mikrozensus sind es knapp 20 Prozent der Bevölkerung und 35 Prozent der Kinder unter fünf Jahren, insgesamt ca. 16 Millionen Menschen.

Der Anteil der Personen mit Migrationshintergrund ohne Migrationserfahrung ist in der Gruppe der 15- bis 30-Jährigen ebenso hoch wie der Anteil der Personen mit Migrationshintergrund und Migrationserfahrung, hingegen schwindet der Anteil der Gruppe ohne Migrationshintergrund (der demographische Faktor, der auf der Grafik deutlich zu erkennen ist). Die Gruppe derjenigen, die Teilhabe an gesellschaftlichen und politischen Prozessen fordert, wird immer größer. Das ist eine Chance zur langfristigen Bindung von schon hier sozialisierten Personen, die neben den anzuwerbenden Fachkräften aus der europäischen Union und Drittstaaten sicherlich eine entscheidende Rolle im demographischen Wandel spielen können.

---

heutige Gebiet der Bundesrepublik Deutschland Zugewanderten, sowie alle in Deutschland geborenen Ausländer und alle in Deutschland als Deutsche Geborenen mit zumindest einem nach 1949 zugewanderten oder als Ausländer in Deutschland geborenen Elternteil". (Definition im Mikrozensus 2005)

82 Modell der „6-5-4-Gesellschaft" von Naika Foroutan, Humboldtuniversität Berlin, HUB, vgl. auch aktuelle Studie des BIM, Deutschland postmigrantisch, Dezember 2014.

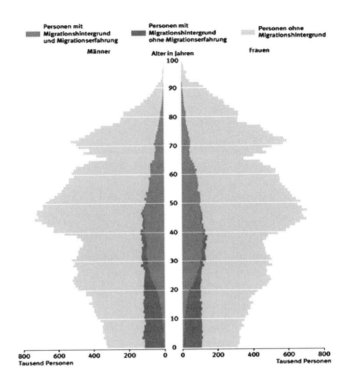

Quelle: Statistisches Bundesamt 2012

2.2. Die Qualifikation und der Beitrag von Migranten

Gleichzeitig wachsen aber auch Bildungs- und Ausbildungsgrad. Eine Bertelsmann-Studie aus dem Jahre 2013 zeigt: Die Qualifikation von Migranten ist deutlich angestiegen und liegt mittlerweile über dem Durchschnitt der deutschen Bevölkerung. Hatten im Jahr 2000 nur 23 Prozent der Zuwanderer einen Hochschul- oder Meisterabschluss, waren es 2009 fast 43 Prozent. Im Jahr 2004 zahlte jeder in Deutschland lebende Ausländer 2.000 Euro jährlich mehr an Steuern und Sozialbeiträgen als er an Leistungen erhalten hat, im Jahr 2006 waren es 1.900 Euro, im Jahr 2012 waren es 3.300 Euro. Ein Plus für die Sozialkassen also und keine zunehmende Belastung. Hier wird deutlich, dass Armutsmigration de facto keine Rolle spielt.

Zwei Drittel der Deutschen sind jedoch laut einer Umfrage der Bertelsmann-Stiftung aus dem Jahr 2012 überzeugt, dass Zuwanderung die Sozialsysteme belaste. Die Realität widerlegt die Wahrnehmung – aber entscheidend für die politischen Konzepte ist in hohem Maße die Wahrnehmung in den Köpfen. Dieses Ungleichgewicht zu beheben ist nach wie vor eine ungelöste Aufgabe für Meinungsbildner und Meinungsmittler.

Die Studie[83] belegt, dass die Zuwanderung in die Sozialkassen zu einem Plus für das deutsche Sozialsystem führt. Die von Migranten entrichteten Beiträge betragen 14 Milliarden Euro jährlich. (Gesamt: 526,1 Mrd., Überschuss 13,8 Mrd./2011. Obwohl hier lebende Migranten weniger gut ausgebildet und häufiger arbeitslos sind als Einheimische.) Der Grund hierfür ist, dass die umlagefinanzierten Renten-, Kranken- und Pflegeversicherungen vom meist geringeren Lebensalter der Migranten profitieren.

---

83 Herbert Brücker/Institut für Arbeitsmarkt und Berufsforschung (IAB) im Auftrag der Bertelsmann Stiftung 2013

Diese derzeit sehr guten Werte verdanken sich allerdings hauptsächlich der Schuldenkrise. Deshalb plädiert der Leiter der Studie mittelfristig für die Einführung eines Punktesystems, das Zuzug und Abwanderung regeln kann.

Weil sowohl Sozialsysteme, öffentliche Haushalte als auch der Arbeitsmarkt wegen des demographischen Wandels unter Druck geraten, muss Deutschland ein dauerhaft attraktives Einwanderungsland werden. Derzeit profitiere Deutschland zwar stark von der Arbeitsmobilität innerhalb der Europäischen Union, sei aber noch nicht attraktiv genug für internationale Fachkräfte aus Drittstaaten. Als Reformvorschlag hatte die Bertelsmann-Stiftung im vergangenen Jahr die „Schwarz-Rot-Gold-Karte" vorgestellt, um ausländische Fachkräfte aktiv anzuwerben. Auch Flüchtlinge, die auf absehbare Zeit nicht in ihr Heimatland zurückkehren können, sollten schneller in den Arbeitsmarkt integriert werden.

Diese Werte bestätigt eine aktuelle Studie des ZEW[84]: Das Plus pro Kopf ist in den vergangenen zehn Jahren um über die Hälfte gestiegen. Für einen weiteren Anstieg werden auch hier bessere Bildungspolitik und gesteuerte Zuwanderung als wichtigste Voraussetzungen genannt.

Noch deutlicher steigen könnte der Beitrag der Ausländer zu den öffentlichen Haushalten, wenn sich ihr Bildungs- und Qualifikationsniveau erhöhte. Um mehr als 400 Euro könnte jeder Bürger

---

84 Holger Bonin/Zentrum für Europäische Wirtschaftsforschung (ZEW) im Auftrag der Bertelsmann Stiftung 2014

in Deutschland jährlich fiskalisch entlastet werden, wenn künftig mindestens 200.000 Zuwanderer pro Jahr nach Deutschland kämen und 30 Prozent von ihnen hoch- und weitere 50 Prozent mittelqualifiziert wären. Das ist ein Zukunftsszenario. Aber ein dringender Appell an eine verstärkte Bildungspolitik für alle, die kommen.

Dies erscheint nicht unrealistisch, weil das Qualifikationsniveau der Zuwanderer in den vergangenen Jahren bereits merklich gestiegen ist. Der Mikrozensus zählte im Jahr 2009 drei Viertel aller ausländischen Neubürger zu den Hoch- und Mittelqualifizierten. Eine langfristige Stabilisierung der Staatshaushalte ist nach Bonin auch über eine verstärkte qualifizierte Zuwanderung zu erreichen.

Der positive Trend hat sich also in den letzten Jahren verstetigt. Die Schuldenkrise in Staaten wie Spanien oder Griechenland treibt zunehmend Hochqualifizierte nach Deutschland. Während in Spanien die Arbeitslosigkeit bei 24 Prozent verharrt (Stand Oktober 2014), fiel sie in Deutschland im vergangenen Jahr auf den niedrigsten Stand seit 20 Jahren (4,9 % im Oktober 2014).

Der Anteil der Hochqualifizierten liegt heute rund doppelt so hoch wie noch vor einem Jahrzehnt, während der Anteil der Niedrigqualifizierten seit Jahren kontinuierlich sinkt.

Auch die Selbstständigen spielen eine wichtige Rolle bei Wirtschaftskraft und gesellschaftlicher Integration[85]: 34% der selbstständigen Ausländer hat eine Staatsangehörigkeit aus einem ehemaligen Anwerbeland (2004: 46%). Der immer noch hohe, aber abnehmende Anteil zeigt, dass die Zuwanderungsgeschichte der „Gastarbeiteranwerbephase" an Bedeutung verliert bei der Zusammensetzung der Migrantenökonomie. Hier haben Einbürgerungen stattgefunden oder Migranten sind ihr Herkunftsland zurückgekehrt. Seit der EU-Osterweiterung gibt es starke Zuwächse von selbstständigen Migranten aus osteuropäischen Ländern (Polen, Rumänien, Bulgarien)[86].

Migranten leisten einen erheblichen Anteil am Haushalt, auch wenn das öffentlich nicht so wahrgenommen wird. Festzuhalten ist aber auch: Einwanderer aus Drittstaaten sind in allen untersuchten Dimensionen in einer signifikant ungünstigeren Position. Einwanderer aus Ländern der EU-28 sowie die zweite Generation sind auf dem Arbeitsmarkt ebenfalls noch nicht in jeder Hinsicht gleichermaßen integriert wie Personen ohne Migrationshintergrund. Diese haben auf dem Arbeitsmarkt nach wie vor einen Vorteil.

Die möglichen Ursachen sind vielfältig, liegen aber hauptsächlich im soziologisch-kulturellen Bereich. Ungleiche Chancen schaffen

---

85 Potenziale von selbstständigen Migrantinnen und Migranten in Deutschland: Ein Überblick, Ann-Julia Schaland: Hamburgisches WeltWirtschaftsInstitut (HWWI), 2012

86 Hier ist allerdings zu berücksichtigen, dass statistisch Selbstständige nicht unbedingt tatsächlich ein Gewerbe ausüben müssen. Einige erkaufen sich so eher den Zugang zu Sozialleistungen als zum ersten Arbeitsmarkt.

der nach Herkunft unterschiedliche rechtliche Status, Faktoren wie Sprach- und Landeskenntnisse sowie die allgemeine soziale Vernetzung, kulturell divergierende Einstellungen insbesondere zur Frauenerwerbstätigkeit und eine allgemeine Diskriminierung, häufig aufgrund diffuser Vorurteile.

So können Personen mit Migrationshintergrund von einer höheren Qualifikation nicht in demselben Maße auf dem Arbeitsmarkt profitieren wie vergleichbare Personen ohne Migrationshintergrund. Ein Hauptproblem hierbei ist die mangelnde Kenntnis der deutschen Sprache. Unternehmen stellen lieber gar nicht ein als einen qualifizierten Migranten, der keine ausreichenden Deutschkenntnisse hat.[87] Aus diesem Grunde sind Sprachkurse – zentralisiert angeboten oder in den Betrieben – unverzichtbar, um diese (vermeidbaren) Hinderungsgründe für Neueinstellungen zu beseitigen.

All das bedingt ein höheres Armutsrisiko: Im Jahre 2012 lag die Armutsrisikoquote der Bevölkerung mit Migrationshintergrund mit 26,2 % deutlich über der der Gesamtbevölkerung mit 14,5 %. Der Anteil der Migranten, die auf Mindestsicherungsleistungen angewiesen sind, ist mit 20,9 % mehr als doppelt so hoch wie in der Gesamtbevölkerung (9,4 %).[88] Und das, obwohl die Beschäftigungsquote signifikant gestiegen ist.

---

87 Studie OECD Education at a Glance/Bildung auf einen Blick, gem. mit IHKs, 2013
88 Die Beauftragte der Bundesregierung für Migration, Flüchtlinge und Integration (Hrsg.): Integration in Deutschland. Zweiter Integrationsindikatorenbericht. Berlin 2012

2.3. Muslime in Deutschland

Ca. 4 Millionen Menschen sind Muslime, das sind 86 Prozent aller Angehörigen von nichtchristlichen Glaubensgemeinschaften. Hiervon hat die Hälfte bereits die deutsche Staatsangehörigkeit. Nicht alle Muslime sind religiös, nicht alle religiösen Muslime sind gewaltbereit, trotzdem wird ein muslimischer Migrationshintergrund häufig als potenzielle Bedrohung für die Mehrheitsgesellschaft wahrgenommen. Schlechtere Chancen auf dem Arbeitsmarkt[89], seltenere Empfehlung für weiterführende Schulen[90] und die mangelnde Würdigung struktureller, kultureller und sozialer Integrationserfolge[91] sind die Folge.

Ein grundlegendes Problem liegt darin begründet, dass die bisherige Migrations- und Integrationspolitik nicht zu einer grundsätzlichen Änderung des Wahrnehmungsverhaltens der Mehrheitsgesellschaft geführt hat. Soziale Problematiken vor allem in Großstädten mit migrantischen Minderheiten verfestigen Vorurteile und verhindern objektive Betrachtung.

Eine fatale Folge dieser verengten Debatte sind häufig Reaktionsmechanismen wie Rückzug, Apathie und/oder Aggression, und

---

89 Kaas/Manger: Ethnic Discrimination in Germany's Labour Market, Feldstudie Februar 2010
90 Baur, Christine: Schule, Stadtteil, Bildungschancen: Wie ethnische und soziale Segregation Schüler/innen mit Migrationshintergrund benachteiligt, Bielefeld 2014
91 Fortschritte der Migration, BAMF 2010

vor allem bei Jugendlichen religiöse Radikalisierung sowie Kriminalisierung als bewusste Desintegration. Es gibt aber auch, vor allem bei bildungsaffinen Migranten, die Tendenz zu einer Jetzt-erst-recht-Haltung, einem vehementen Einfordern von Teilhabe. Diese Gruppe ist über verstärkte Berufs- und Qualifizierungsangebote langfristig für die Gesellschaft zu gewinnen.

Obwohl das Misstrauen gegenüber muslimischen Migranten durch die extremistischen Strömungen gewachsen ist, hat sich die Einstellung gegenüber der Zugehörigkeit zu Deutschland und ihren wichtigsten Kriterien offenbar verschoben: So halten 96,8 % der Befragten deutsche Sprachfähigkeiten für das wichtigste Kriterium, gefolgt vom Vorhandensein des deutschen Passes – und nicht die Abstammung.[92]

Umso wichtiger ist es, Bildungsgerechtigkeit, Anerkennung, Teilhabe, Partizipation und Repräsentation von Migranten durchzusetzen, die Prinzipien von Rechtsstaatlichkeit und Demokratie zu vermitteln sowie kulturelle und religiöse Eigenheiten zu respektieren. Hierzu gehört nicht nur eine Willkommenskultur sondern eine Anerkennungskultur – Anerkennung der Lebensleistung ebenso wie der beruflichen und schulischen Qualifikationen.

---

92 BIM-Studie, 3. Dezember 2014, HU, Deutschland postmigrantisch: Was ist Deutsch und wer gehört zum deutschen Wir, jetzt, da Deutschland ein Einwanderungsland ist?, Naika Foroutan

3. Integration in Arbeitsmarkt und Gesellschaft

3.1. Das Anerkennungsgesetz

Das am 1. April 2012 in Kraft getretene Anerkennungsgesetz bietet vor dem Hintergrund des Fachkräftemangels und der demographischen Entwicklung eine Verbesserung sowohl für Lebenssituation und -perspektiven von Migranten als auch für die Gesellschaft des Aufenthaltslandes. Zu diesen Verbesserungen gehören im Einzelnen: Staatsangehörigkeitsprivilegien für deutsche Staatsangehörige und EU-Bürger im Bereich der akademischen Heilberufe werden beseitigt. Zügige Anerkennungsverfahren werden gewährleistet. Ein Bescheid der zuständigen Behörden muss innerhalb von drei Monaten ergehen. Wenn eine im Ausland erworbene berufliche Qualifikation im Vergleich zum jeweiligen deutschen Abschluss nicht gleichwertig ist, wird eine Teilanerkennung ausgesprochen, der erreichte Qualifikationsstand wird bescheinigt. Nachgewiesene einschlägige Berufserfahrung ist grundsätzlich in die Gleichwertigkeitsprüfung einzubeziehen. Über die Teilanerkennung hinaus besteht die Möglichkeit der Anpassungsqualifizierung für einen gleichwertigen Abschluss. Fachkräfte können sich im Herkunftsland darüber informieren, ob und wie ihre Berufsabschlüsse und -qualifikationen in Deutschland anerkannt werden.

Die Beschäftigungsquote von Migranten in Deutschland ist mittlerweile ebenso hoch wie in Kanada. Die Beschäftigungsquote bei niedrigqualifizierten Migranten ist sogar höher als die von geringqualifizierten Einheimischen. Auch hier wirkt sich das Anerkennungsgesetz positiv aus.[93] Auch wenn Brückenmaßnahmen und Kurse weiter ausgebaut und deren Akzeptanz erhöht werden müssen, eröffnen diese Qualifizierungen doch erheblich bessere Eingliederungschancen für den Einzelnen. Und damit für die Aufnahmegesellschaft: Gerade im Bereich des Arbeitsmarktes ist es notwendig, Migration als ungenutztes Potenzial und nicht als Bedrohung zu verstehen.[94]

Die Arbeitsmigration hat im innereuropäischen Umfeld besonders stark zugenommen, Migration aus anderen Gründen etwa Familienzusammenführung hat eher abgenommen. Das liegt an den Auswirkungen der Schuldenkrise in den südeuropäischen Ländern, ist aber eine Entwicklung, die sich bei dortiger Besserung der Wirtschaftslage verändern kann.[95]

Während bei den Drittstaatlern nach wie vor die Hochqualifizierten die – unproblematische – größte Anzahl bilden, holen aber langsam die Mittelqualifizierten auf. Auf der Ebene der Mittelqualifizierten bestehen bei der Arbeitsmigration erhebliche Sprachprobleme, die eine zügige Eingliederung in den deutschen Ar-

---

93 Diese positiven Wirkungen des Anerkennungsgesetzes betont die OECD ausdrücklich in ihrer jüngsten Studie zur Migration auf dem Arbeitsmarkt, 1. Dezember 2014
94 Siehe OECD 2014: Im Begriff Migranten sind keine Asylbewerber enthalten, sondern lediglich Personen nach Anerkennung des Asylstatus und Verfahrensende des BAMF
95 Vgl. die Aussagen von Herbert Brücker, IAB-Studie, 2013

beitsmarkt mehr als alle anderen Kriterien der Bewerberprofile verhindern. Voraussichtlich wird die Drittstaatenzuwanderung zunehmen, sowohl weiter im hochqualifizierten aber auch im mittelqualifizierten Segment, was bei entsprechenden Bildungsangeboten einen positiven Effekt auf den Ausgleich des demographischen Faktors haben kann.[96]

3.2. Das Wahlrecht: Nur wer wählt gestaltet

Doch nicht nur der Arbeitsmarkt schafft für Migranten Möglichkeiten, menschenwürdig zu leben und Integration anzustreben. Wichtig in diesem Bereich der Wahrung und Ausübung bürgerlicher Rechte ist die Möglichkeit der Wahl. Das nationale Recht und das supranationale europäische Recht sehen hierfür jedoch unterschiedliche Regelungen vor:

Das Wahlrecht in Deutschland

Artikel 20 Absatz 1 Grundgesetz (GG) legt fest: Das Staatsvolk, von dem die Staatsgewalt in der BRD ausgeht, wird von den deutschen Staatsangehörigen gebildet.

Artikel 28 GG (Wahlrecht) ist vom BVerfG so interpretiert worden, dass mit Volk eben nur deutsche Staatsangehörige gemeint sind – ein Teil von Art. 28 müsste daher wahrscheinlich geändert

---

[96] Siehe OECD-Studie zur Migration, Thomas Liebig, 1. Dezember 2014 sowie SVR Jahresgutachten 2014, das eine überwiegend positive Wertung gegenüber einem vermehrten Zuzug von Migranten aus Drittstaaten feststellt, allerdings bezogen auf die Hochqualifizierten.

werden, selbst nach der Änderung von 1992 in Abs. 1, die das GG in Einklang mit dem Maastrichter Vertrag brachte.

Das Wahlrecht in Europa

1992 schafft der Maastrichter Vertrag und 1994 eine EU-Richtlinie das Kommunalwahlrecht für EU-Bürger auf der Basis der Unionsbürgerschaft.

Der Europarat fordert das Kommunalwahlrecht für alle Personen mit legalem Aufenthaltsrecht – Staaten wie z.B. Belgien, Dänemark, Finnland, Irland, Luxemburg, Niederlande, Schweden, Norwegen und Island haben dies schon umgesetzt; in Großbritannien, Spanien und Portugal ist das Wahlrecht für Drittstaatler an besondere Voraussetzungen geknüpft.

3.3. Die Staatsbürgerschaft

Das Prinzip der Vermeidung von Mehrstaatigkeit bleibt kennzeichnend für das deutsche Staatsangehörigkeitsrecht. Einbürgerungswillige müssen also prinzipiell ihre bisherige Staatsangehörigkeit aufgeben. Neu sind großzügige Ausnahmeregelungen, durch die die Beibehaltung der bisherigen Staatsangehörigkeit gestattet wird.

Die deutsche Staatsangehörigkeit richtet sich nach *Abstammungsprinzip* (Ein Kind wird mit der Geburt Deutsche oder Deutscher, wenn die Mutter oder der Vater oder beide deutsche Staatsbürger sind. Ius sanguinis: Deutschland, Schweiz, Israel) oder *Ge-*

burtsortprinzip (Ius soli: Frankreich, Belgien, Benelux-Länder u.a.). Ergänzend zum Abstammungsprinzip gilt in Deutschland seit dem 1. Januar 2000 auch das Geburtsortsprinzip. Danach bestimmt nicht allein die Nationalität der Eltern eines Kindes seine Staatsangehörigkeit, sondern auch der Geburtsort.

Besonderheit: Das Kind wird in vielen Fällen mit der Geburt über das Abstammungsprinzip jene Staatsangehörigkeit(en) erwerben, die die Eltern als Ausländer besitzen. Das Kind besitzt dann mehrere Staatsangehörigkeiten. Nach dem Optionsmodell musste es sich aber bisher nach Erreichen der Volljährigkeit für eine Staatsangehörigkeit entscheiden (jetzt im Koalitionsvertrag geändert).

Die FDP hatte sich auf ihrem Parteitag am 8. Mai 2013 auf die Möglichkeit einer doppelten Staatsbürgerschaft und einer beschleunigten Einbürgerung bei nachgewiesener vorbildlicher Integrationsleistung nach vier Jahren verständigt, der Koalitionsvertrag von CDU/CSU und SPD sieht eine solche Reform vor.

Diese Reform und damit die Abschaffung des Optionsmodells entspricht der Realität einer Einwanderungsgesellschaft, die auf qualifizierte Fachkräfte angewiesen ist und nicht nur politisch beste Möglichkeiten, sondern auch eine positive gesellschaftliche Aufnahmebereitschaft bieten will.

3.4. Die Debatte um den Integrationsbegriff

Das Zusammenleben von unterschiedlichen Personen unterschiedlicher Herkunft, Kultur und Sprache innerhalb einer Gesellschaft kann sehr unterschiedlich organisiert sein. Bisher ist in Deutschland ein möglichst hoher Grad an *Integration*, also Einbeziehung aller in alle Rechte und Pflichten von Gesellschaft und Staat mit dem Ziel einer Staatsbürgerschaft, politische Zielvorstellung. (Ausgenommen hiervon sind Migranten, die bewusst für eine bestimmte Zeit aus Arbeitsgründen nach Deutschland kommen.)

Dieser Integrationsbegriff ist nicht unumstritten. Kann Integration überhaupt eine Forderung an migrantische Minderheiten sein oder ist nicht vielmehr die Aufnahmegesellschaft in der Pflicht, Migranten ohne Forderungen an Interesse und Mitarbeit an der neuen Lebenswelt zu akzeptieren? Die Chicagoer Schule der Sozialwissenschaft legte in den 20er Jahren des vergangenen Jahrhunderts den Grundstein für die Diskussion über das Zusammenleben unterschiedlicher Ethnien in einer Gesellschaft; seither haben sich drei idealtypische Modelle entwickelt: Die Modelle der Assimilation, der Integration und des *melting pot*, die Theorie des Multikulturalismus.

Die Theorie der Assimilation wurde von der sogenannten Chicagoer Schule in der Zeit von 1920 bis 1932 entwickelt. Sie wird als unvermeidbare Bedingung verstanden, um eine funktionierende gesellschaftliche Ganzheit der interethnischen Beziehungen zu gewährleisten. Robert E. Park gilt als Begründer der Chicagoer Schule, in der sich die Wurzeln der stadtsoziologischen Forschung – also auch der Segregations-Forschung – finden.[97] In seiner Gesellschaftstheorie unterscheidet Park zwei Ordnungen: Die *community* bildet dabei den Unterbau, auf dem sich die gesellschaftliche Ordnung entwickelt. Die gesellschaftliche Entwicklung vollzieht sich im ständigen Wechselspiel von Kommunikation und Konkurrenz. Konkurrenz führt zur Separierung, zur Individualisierung; die Kommunikation hingegen leistet Vergesellschaftung und Integration. In diesem steten Austausch vollzieht sich sozialer Wandel, Mobilität, Aufbau von Kultur und Subkultur. Diese gesellschaftliche Dynamik bedarf Individuen, die sich auf einen gemeinsamen und allgemein bekannten kulturellen Kosmos verständigt haben, also *assimiliert* haben.

In Europa hat vor allem Frankreich die Assimilationstheorie als politisches Konzept übernommen. Wichtigstes Kriterium ist die Annahme der französischen Staatsbürgerschaft, eine auf den ersten Blick rein formale Definition, mit den drei konstituierenden Grundsätzen Laizität des Staates, Gleichstellung der Geschlechter und Chancengleichheit. Dieses Bekenntnis impliziert aber neben der Akzeptanz der republikanischen eine Übernahme der kulturell-gesellschaftlichen Werte. Der ideale Bürger, der *Citoyen*, zeichnet sich durch eben diese Symbolik aus – jenseits aller ethnischen Besonderheiten. D.h., assimiliert ist derjenige, der sich zur Grup-

---

97 Einfluss auf ihn hatten Chicago und Berlin, die beiden Städte, die zu seiner Zeit als „melting pots" soziale Brennpunkte waren.

pe der Bürger bekennt und das auch zeigt.[98] Assimilation umfasst hier nicht nur die formale sondern die gelebte Akzeptanz der Werte der Aufnahmegesellschaft *unter Aufgabe* der bisherigen eigenen (zumindest, soweit der Bereich dieser Symbole und Kennzeichen ein öffentlicher ist). Eine strikte Trennung zwischen den Sphären des privaten und öffentlichen Raums ist die Folge.

Diese Form von Assimilation widerspricht dem Grundgedanken der Integration, der zwar Eingliederung im Sinne von Teilwerden und Teilhabe anstrebt, aber auch eine öffentliche Repräsentation eigener kultureller und religiöser Gehalte erlaubt – soweit die Grundregeln der Gesellschaft und die Gesetze des Staates nicht verletzt oder gebrochen werden. Ein *Integrationsmodell* also, das einen Ausgleich zwischen Migrant und Aufnahmegesellschaft sucht, das zwar die Kenntnis der Werte und Kultur des Aufnahmelandes fordert, aber in gleichem Maße die jeweilige ethnische, religiöse und kulturelle Identität des Migranten in der gesellschaftlichen Sphäre respektiert.

Hohe Annäherungswerte von Integrationskonzepten und Assimilationskonzepten zeigen neuere Entwicklungen in den Sozialwissenschaften. In Bezug auf die Gleichheit innerhalb einer Gruppe zeigt etwa Rogers Brubaker, dass ethnische Gruppen soziale Konstrukte sind: Nicht die Ethnie ist das Problem, sondern die Einstellung zu Welt und Leben. Brubaker kritisiert ei-

---

98 Vgl. hierzu: Michèle Tribalat: Assimilation. La fin du modèle français, Ed. du Toucan, 2013. Hier werden die Grenzen des assimilatorischen Modells aufgezeigt, das religiöse Symbole mit rechtlichen Mitteln von Staats wegen untersagen kann.

nerseits eine volkstümliche Soziologie, die dem *Gruppismus* verfallen ist und diesen zur Erklärung der sozialen Welt bemüht, ohne ihn jemals theoretisch legitimiert zu haben. Er begreift Ethnizität vielmehr als ein kognitives Phänomen, als eine Weise, die Welt zu sehen und zu deuten. Folglich ist eine Assimilation keine Forderung an bestimmte Gruppen, sondern kann als Integrationsleistung nur von Einzelnen vollzogen werden, die eine Einsicht in den geistigen Kosmos der Aufnahmegesellschaft haben – mithin die Fähigkeiten und Fertigkeiten entwickelt haben, die gleichberechtigte Teilhabe erlauben.[99]

In der *Melting Pot*-These wird die Notwendigkeit zur Akzeptanz des neuen Anderen in der neuen und anderen Gesellschaft nicht als zwingend angesetzt, d.h., das Nebeneinander wird als auskömmlich für ein funktionierendes gesellschaftliches Miteinander definiert. Diese Sicht bildet den Grundsatz der multikulturalistischen Theorie, die eine möglichst hohe Heterogenität von Ethnien und Kulturen nicht nur als praktikabel, sondern als dynamisch-vorantreibendes gesellschaftliches Element ansieht: Das Wohl der Gesellschaft mehrt sich mit der Vielfalt. Die Gleichberechtigung aller kulturellen Konzepte ist hierbei oberstes Gebot.[100]

---

99 Siehe Rogers Brubaker: Ethnicity without groups, Harvard University Press 2004/dt. 2007 sowie Citizenship and nationhood in France and Germany, Harvard University Press 1992
100 Christian Joppke: Citizenship and Immigration. Cambridge 2010. Joppke vertritt gegenüber diesem Gleichheitsanspruch einen ‚iliberal liberalism' und konstatiert das Scheitern des Multikulturalismus.

Hingegen erlaubt die *Integrationstheorie* eine Teilhabe auf vielen Ebenen, deren ordnender Rahmen aber immer und unverzichtbar die staatliche Ordnung ist. Integration im Sinne einer Einbürgerung muss nicht für alle Migranten das verbindliche Ziel sein. Arbeitsmigranten kommen für eine bestimmte Zeit, meist aus rein wirtschaftlichen Gründen, der Job ist das Ziel und nicht die Einbürgerung. Eine solche arbeitsmarktbasierte Migration – vor allem innereuropäisch wie zurzeit – führt nicht zur Einwanderung, sondern lediglich zur Zuwanderung für einen begrenzten Zeitraum.[101] Das ist in Ordnung. Solange, wie Gesetze des Gastlandes eingehalten und gesellschaftliche Regeln nicht verletzt werden. Anders sieht es bei Personen aus, die Asyl beantragen und gewährt bekommen: Hier ist die Rückkehr in das Herkunftsland sehr unwahrscheinlich, eine Auseinandersetzung mit den Regeln des Gastlandes ist unverzichtbar.

Wichtig ist es deshalb gerade aus liberaler Sicht, an dem Begriff der Integration festzuhalten. Nur so ist eine Abgrenzung zum Modell der Assimilation und dem Modell des Multikulturalismus[102]

---

[101] Das zeigt die Zuwanderungsstatistik seit 1960 deutlich. Viele der angeworbenen Arbeitskräfte sind nach ihrem aktiven Arbeitsleben in ihre Heimat zurückgekehrt (die sie ja nicht aus Gründen von Repression und Krieg, sondern wegen der konkreten Arbeitsmöglichkeiten in Deutschland verlassen hatten.), andere Migranten sind weitergezogen. Nur ein Drittel bleibt in Deutschland und schlägt hier Wurzeln. Siehe Berlin-Institut für Bevölkerung und Entwicklung, Juni 2014, Woellert/Klingholz: Neue Potentiale. Zur Lage der Integration in Deutschland

[102] Hier sind die Ansätze von Favell/Martinello und Fleras/Elliott zu nennen. Während Martinello den Fokus auf die kulturelle Interaktion innerhalb der Gesellschaft legt, fordern Fleras/Elliott politische Vorgaben „Agendasetting", um

möglich. Offenheit und Freiheit für den Einzelnen und die Gesellschaft ist aber nur in einem dynamischen Prozess von Bildung und Teilhabe innerhalb eines Werte- und Rechtsrahmens möglich. Alle anderen Modelle und Begrifflichkeiten werden dem liberalen Persönlichkeitsbild nicht gerecht.

Auch die Hinwendung zum Begriff der Inklusion ist nicht hilfreich. ‚Includere' hat im Lateinischen die Bedeutung Einschließen, also auch die Konnotation des Passiven – etwas Eingeschlossenes ist nicht aktiv, d.h., ich nehme jegliche aktive Komponente aus dem Verhältnis von Einzelnem zum Ganzen. Wollen wir das wirklich? Wohl doch eher die Anerkennung einer eigenständigen Persönlichkeit, die zur freiheitlichen und selbstbestimmten Interaktion gegenüber der Aufnahmegesellschaft befähigt ist.[103]

Die gescheiterten Umsetzungen eines multikulturalistischen Ansatzes sind in einigen Nachbarländern zu sehen: Ein Verzicht auf Standards, die sowohl für die aufnehmende Mehrheitsgesellschaft als auch für die ankommenden Minderheiten gelten, führt nicht zu konstruktivem gesellschaftlichem Miteinander, sondern

---

Vielfalt, Respekt und Gleichheit im kulturell-symbolisch-sozialen Bereich zu schaffen. Multiculturalism in Canada: The Challenge of Diversity by Augie Fleras; Jean Leonard Elliott, Canadian Journal of Sociology, Summer 1993; Adrian Favell/MarcoMartinello, articles in: The Politics of Belonging: Migrants and Minorities in Contemporary Europe, Geddes, Andrew & Favell, Adrian (Hg.), Ashgate 1999

103 Siehe zum Begriff Inklusion auch die Ausführungen von Heinrich Kolb, der die Inklusion mit dem politischen Konzept des Multikulturalismus gleichsetzt, Präsentation: Zur Zukunft von Integration und Migrationshintergrund, Stiftungsworkshop SVR, Berlin, 10. April 2014

zu Parallelgesellschaften mit hohem sozialen Konfliktpotenzial.[104]

Diese Analyse betrifft auch die Diskussion um die Öffnung der Grenzen des Schengen-Raumes (Vertrag von Amsterdam)[105], die Problematik der *Open Borders*. Es klingt vernünftig und – angesichts der Bilder von gekenterten Booten und mühsam geretteten Menschen – aus Gründen der Humanität geboten, die Forderung nach einer Öffnung der Grenzen Europas zu erheben. Weltweit waren Ende 2013 rund 52 Millionen Menschen auf der Flucht, mehr als in all den Jahren zuvor nach dem Zweiten Weltkrieg.[106]

Diese Ereignisse lenken den Blick auf die demographische Entwicklung der Staaten südlich und östlich des Mittelmeers, auf Afrika und den Nahen Osten. Denn dort wächst – anders als in Europa – die Zahl der Menschen noch sehr stark, sodass hier sicher ein hohes Potenzial für zukünftige Arbeitskräfte in den

---

104 Vor allem in den Niederlanden wird deutlich, wie problematisch eine multikulturalistische Politik werden kann, wenn die Wirtschaftsdaten für die Mehrheitsgesellschaft sich nicht mehr positiv entwickeln und gleichzeitig an staatlicher Alimentierung von Minderheiten im Dienste einer Gleichheitsidee festgehalten wird. Das soziale Gefüge wird zusätzlich zu diesen Faktoren durch rechtspopulistische Strömungen belastet.
105 Vertrag von Amsterdam vom 1. Mai 1999 über die Arbeitsweise der EU; Schengener Abkommen zur Abschaffung der Grenzkontrollen innerhalb der EU vom 19. Juni 1990
106 Diese Ereignisse lenken den Blick auf die demographische Entwicklung der Staaten südlich und östlich des Mittelmeers, auf Afrika und den Nahen Osten. Denn dort wächst – anders als in Europa – die Zahl der Menschen sehr stark und die Möglichkeit besteht, diese Potenziale für Europa zu nutzen. Siehe hierzu: Berlin-Institut 2014, Klingholz/Sievert, Krise an Europas Südgrenze, Diskussionspapier.

vom demographischen Wandel so stark betroffenen Ländern wie Deutschland bestünde.

Dieses Potenzial muss genutzt werden. Das steht außer Frage. Ebenso sind humanitäre Erwägungen stärker als bisher in die Modalitäten des Umgangs der Staaten der europäischen Union mit Flucht und Vertreibung (aus welchen Gründen auch immer) einzubeziehen. Die politische Orientierung an einer Stabilisierung und Demokratisierung der Fluchtländer ist ein richtiger Ansatz. Grenzen sind nicht als starre Mauern denkbar. Wanderungsbewegungen gehen in alle Richtungen – und müssen in alle Richtungen gehen können. Hier muss eine Dynamisierung erfolgen, die verstärkte Aufnahme erlaubt.

Doch humanitäre Aspekte sind nicht solitär zu betrachten. Für die Migration in einen Mitgliedstaat der EU sind – auch jenseits des unsinnigen first country concepts und anderen zu reformierenden Verteilungsusancen – Kriterien unabdingbar.

Das Problem besteht, Konflikte von der/den Grenze(n) weg in die Aufnahmeländer und -gesellschaften zu tragen, ohne regelnde Standards für diesen Prozess vorzugeben. Eine Reform der europäischen Grenzpolitik ist unverzichtbar, ebenso unverzichtbar ist aber ihre Orientierung an Regeln und neu zu erstellenden Prinzipien, die sowohl die Aufnahmegesellschaft schützen als auch humanitäre Aspekte umsetzen.

3.5. Reizwort Parallelgesellschaft

Bei aller oben schon erwähnten Konfliktträchtigkeit separierter geschlossener Gesellschaftsstrukturen als Folge multikulturalistischer Theorien, sei hier der Hinweis auf durchaus funktionierende *Parallelgesellschaften* gestattet, auch wenn das Wort sich mehr und mehr zu einem Reizwort entwickelt hat. Parallelgesellschaften waren und sind, so paradox es erscheinen mag, konstitutiver Teil von Großstadtgefügen. Ob nun New York, ob London, Hongkong, Berlin oder Chicago: Großstädte und ihre kulturelle Strahlkraft sind durch das Nebeneinander unterschiedlicher nationaler und ethnischer Kulturen gekennzeichnet. Das funktioniert in vielen Städten auch heute noch.

Andere Parallelgesellschaften entstanden aufgrund von Flucht und Arbeitsmigration.

Ein historisches Beispiel hierfür ist die Aufnahme der Hugenotten und anderer politisch-religiös Verfolgter in Preußen, die erst den wirtschaftlichen Aufstieg des kargen, wirtschaftlich und politisch unbedeutenden Landes geschaffen haben. Die kulturelle und religiöse Identität der Flüchtlinge und Arbeitsmigranten wurde vertraglich zugesichert. Im Gegenzug verlangte Preußen, die gewerblichen Fähigkeiten der Migranten voll in den Dienst der neuen Heimat zu stellen.

Religionsfreiheit wurde dabei ebenso gewährt wie die Befreiung von der Militärpflicht – und das nicht nur für eine Generation, sondern für alle Zeiten. Die neugebauten Viertel richteten sich strikt nach den Bedürfnissen der Neubürger aus. Es wurden nicht nur heimatliche Architekturen, sondern Strukturen des dortigen Städtebaus imitiert, um eine Willkommenskultur zu schaffen, die möglichst kleinteilig die gewohnte Lebenswelt abbildete.[107]

Das Ziel dieser Maßnahmen war allerdings nicht eine möglichst zügige Integration der Neuankömmlinge – nein, das Ziel war es, dem damaligen Fachkräftemangel abzuhelfen und so wirtschaftlichen Aufschwung und städtebauliche Kultur gleichermaßen zu fördern. Die gesellschaftliche Einheit als Ausdruck der geopolitischen Einheit war weder Idee noch Ziel.

Die Akzeptanz durch die Aufnahmegesellschaft war unterschiedlich, Konfliktpotenziale sind überliefert. Ebenso deutlich wird aber auch, dass alle Konflikte sich im Rahmen des vorgegebenen und von allen verbindlich Anerkannten lösen ließen. Eine rechtliche Privilegierung in der neuen Heimat kann eine Integration in die Aufnahmegesellschaft fördern aber auch hemmen.[108]

---

107 Das gilt nicht nur für das Potsdamer Holländische Viertel, sondern auch für das Areal am Fuße des Pfingstberges, wo Friedrich Wilhelm III. für die russischen Sänger, die nach den napoleonischen Kriegen nicht ins russische Reich zurückkehren wollten, eine russische Kolonie, die Alexandrowka, bauen ließ, die den ehemaligen Soldaten ein russisches Landleben idealer Vorstellung und die Ausübung ihres orthodoxen Glaubens erlaubte. Den Ikonoklast der Kirche gestaltete Karl Friedrich Schinkel – ein Zeichen dafür, welche Bedeutung von der preußischen Staatsführung den Neuansiedlern beigemessen wurde.
108 Siehe hierzu die Studie von Katharina Grimm: Immigration, Integration, Identifikation? Beurteilung der Ansiedlungspolitik Brandenburg-Preußens im Hin-

Entscheidend ist hier die Tatsache, dass den Immigranten neben den Rechten der neuen Heimat das Recht auf eigene Kultur gewährt wurde. Von dem Moment an, in dem sie ihre Fähigkeiten in den Dienst des Staates stellten, hatten sie ihre bürgerliche Pflicht erfüllt. Ob sie nun deutsch oder französisch oder niederländisch sprachen war kein Thema. Teil der Gesellschaft wurden sie nicht qua bekundeter Überzeugung, Integration oder Assimilierung, sondern qua ihrer wirtschaftlichen Fähigkeiten, die sie dem Staat verkauften. (Diese Prinzipien lenkten das Römische und das Osmanische Reich über Jahrhunderte.)

Das ist auch heute über eine gezielte Anwerbung von Fachkräften Praxis. Auch hier wird eine bestimmte Leistung erwartet, gesellschaftliches Engagement wird im Gegenzug nicht gefordert, geht es doch um das Einkaufen und Nutzen von Fertigkeiten.

Diese politische Strategie überwindet kurz- und mittelfristig Engpässe der ökonomischen Leistungsfähigkeit und begegnet demographischem Wandel, hat allerdings einen entscheidenden Nachteil: Fortschritt und Entwicklung in Zivilgesellschaften demokratischer Verfasstheit werden so nicht generiert.

Natürlich muss Integration im Sinne einer Einbürgerung nicht für alle Migranten das verbindliche Ziel sein. Arbeitsmigranten kommen aus rein wirtschaftlichen Gründen, der Job ist das Ziel und

---

blick auf den Verlauf der kulturellen Integration der Hugenotten, München 2010. Zentral sei die Schaffung einer Balance zwischen Freiheiten und Privilegierung und – trotz dieser rechtlichen Sonderstellung – Akzeptanz seitens der Einheimischen im Dienste einer Integration und nicht nur eines Melting Pots.

nicht die Einbürgerung. D.h., eine arbeitsmarktbasierte Migration führt nicht zur Einwanderung, sondern lediglich zur Zuwanderung ür einen begrenzten Zeitraum.[109]

Die Dynamik der Zuwanderung korrespondiert mit der Dynamik der Abwanderung – dieser Prozess ist unendlich und global. Überdies, und dieses Faktum ist entscheidend, sind Personen dieser Gruppen meist gut- oder hochqualifiziert, d.h., ihre Fähigkeit und Bereitschaft, mit anderen kulturellen Werten umzugehen und andere staatsbürgerliche Systeme zu verstehen, sind per se hoch entwickelt. Aber bringen sie sich deshalb in die Gesellschaft ein? Eher nicht. Solche *High-Skilled-Persons* verstehen sich als Teil einer *globalen* Gesellschaft, die überall den gleichen gesellschaftlichen Regeln folgt und deren ökonomische Ausstattung ihnen überall einen adäquaten Lebensstil ermöglicht. Hier bildet sich eine globale Vernetzung, aber keine Vernetzung innerhalb der (zeitweisen) Aufnahmegesellschaft.[110]

---

[109] Das zeigt die Zuwanderungsstatistik seit 1960 deutlich. Hier sind viele der Angeworbenen nach ihrem aktiven Arbeitsleben in ihre Heimat zurückgekehrt (die sie ja nicht aus Gründen von Repression und Krieg, sondern wegen der konkreten Arbeitsmöglichkeiten in Deutschland verlassen hatten) oder sind weitergezogen. Nur ein Drittel der Migranten bis 2012 blieben im Land. Siehe Berlin-Institut, Woellert/Klingholz, Neue Potenziale. Zur Lage der Integration in Deutschland, Berlin Juli 2014

[110] Kukathas beschreibt dieses Phänomen der globalen Wanderung mit permanenten Zuwanderungs- und Abwanderungsverhalten als wünschenswerten gesellschaftlichen Prozess hin zu einer grenzenlosen Mobilität, die nicht zwingend ein Interesse oder gar eine Identifikation mit dem Aufenthaltsland fordert. Chandran Kukathas, The Liberal Archipelago: A Theory of Diversity and Freedom, Oxford 2003

Das ist für die Mehrheitsgesellschaft kein Problem, solange es sich um die oben beschriebene Elite handelt. Anders sieht es bei der Verbindlichkeit von Integration auf der mittleren und unteren Ebene aus: Hier gibt es Bildungsprobleme und in deren Folge häufig soziale Probleme. Hierfür reichen schon ungenügende Sprachkenntnisse, mangelnde Kontaktbereitschaft oder Kontaktmöglichkeiten, allgemeine Bildungsferne sowie familiäre Clanstrukturen, die soziale Interaktion nach außen oft verhindern. Stadtteile mit Parallelgesellschaften führen häufig zu einer Bildungsflucht derjenigen, die sich kulturell nicht mehr repräsentiert fühlen, vor allem der sogenannten Bildungsbürger. Diese Flucht hat eine Verfestigung des Ghettocharakters zur Folge, der einer kulturellen Öffnung entgegenwirkt. Armut führt zur Abschottung der Minderprivilegierten ebenso wie zur Abgrenzung der (ökonomisch) Bessergestellten. Diese Segregation ist eine meist unumkehrbare, und Abschottung führt zu Spannung und letztlich Verlust einer Dimension ideeller Gemeinsamkeiten und gesellschaftlicher Perspektive. Hier muss die Aufnahmegesellschaft gegensteuern und alles tun, um eine Integration zu erlauben.

3.6. Der Mythos von deutscher Leitkultur

Neben den Phänomenen der separaten geschlossenen Migrantengesellschaften mit ihren positiven und negativen Beispielen für das Leitbild Integration in eine offene Gesellschaft gibt es die Verfechter der deutschen Leitkultur, die das Aufgeben von Kultur und die Akzeptanz der jeweiligen Kultur des Aufnahmelandes als konstitutiv für die Einwanderungspolitik setzen.

Diese wesenhafte Kultureinheit ist ein Konstrukt, schließt sie doch die produktive Konfrontation mit anderen Einflüssen im Sinne einer Entwicklungsdynamik aus. Kultur verändert sich permanent. Jede Kultur ist Mischkultur, die eine Prägung hat – die mag christlich-jüdisch sein oder islamisch, buddhistisch, hinduistisch, atheistisch oder humanistisch, eines ist sie nie: homogen. Die unterschiedlichen historischen und ideellen Einflüsse, die Kulturen bilden, entstammen selber untereinander ebenfalls heterogenen Bereichen. Von einem prägenden Anteil kann gesprochen werden, nicht aber von einer geistigen Ausschließlichkeit.

Ein Beispiel für die (unbewusste?) Annahme einer deutschen Leitkultur ist die heftige Diskussion um Minarette in deutschen Städten als sichtbare Zeichen einer islamischen Überzeugung. Ein Staat, der sich wie Deutschland die wohlwollende Neutralität gegenüber den Religionen zum Grundsatz gemacht hat, kann und darf den Bau solcher Glaubensstätten nicht untersagen.

Religionsausübung ist geschützt – nicht geschützt, sondern rechtsstaatlich geahndet wird hingegen der Missbrauch von religiösen Stätten, Symbolen und Handlungen, die der freiheitlichen Grundordnung widersprechen.[111] Aber die Verfechter der Leitkultur-These ordnen ihr die eigenen symbolischen Formen

---

111 Das Verhältnis von islamischem Glauben, Kultur und Staat zu Gesellschaft und Politik ist nun etwas anders strukturiert als das Verhältnis von christlichem Glauben, da der Begriff des Staates und der Bereich der Politik in anderer Weise mit der Religion verknüpft werden, aber das wäre ein eigenes Thema wie etwa auch die Untersuchung der beide Religionen historisch kennzeichnenden fundamentalistischen Strömungen.

der Religion und Sprache zu. D.h., Leitkultur umfasst ein ganzes Kompendium unterschiedlicher symbolischer Ebenen, die nicht differenziert betrachtet, sondern dem normativen Anspruch des Deutschen schlechthin unterworfen werden.

Die Leitkultur-Debatte verschärft die Abgrenzung zu allem, was anders ist oder als anders empfunden wird – und sei es nur eine Person, die sich nicht mehrheitskonform kleidet.

Wer weiß, was deutsch ist, weiß auch, was nicht Deutsch ist: Eine Frau mit Kopftuch, zum Beispiel. Das hat die repräsentative Studie des BIM, die die Einstellungen der Deutschen zum Deutschen erfragte, bestätigt. Allerdings hat sich der Studie nach die Einstellung gegenüber der nationalen Identität und ihren wichtigsten Kriterien offenbar verschoben: So halten 96,8 Prozent der Befragten deutsche Sprachfähigkeiten für das wichtigste Kriterium, gefolgt vom Vorhandensein des deutschen Passes. Die Abstammung ist kein Leitkriterium mehr.[112]

Überfremdungsängste sind ernst zu nehmen – müssen aber auf der gesellschaftlichen Ebene ausgefochten und aufgehoben werden. Unterschiedliche Symbole in der Öffentlichkeit sind zu tolerieren, soweit die gesellschaftlichen Regeln respektiert werden und Kenntnisse von Staat und Gesellschaft Teilhabe ermöglichen.

---

112 BIM-Studie 2014, Deutschland postmigrantisch. Allerdings stellt das Jahresgutachten 2014 des SVR eine Änderung in der Wahrnehmung fest: Die Mehrheit der Befragten ist hier der Meinung, der Islam gehöre zu Deutschland. Hierzu gibt es aber derzeit keine weiteren diesen Befund stützenden Untersuchungen.

Die *anything-goes*-Philosophie des Multikulturalismus ist gescheitert. Aber ebenso eine strenge Assimilationstheorie, die das Aufgehen der kommenden in die aufnehmende Kultur fordert.

Keine Integrationsleistung über die rein formale Antragstellung zu erwarten und Akzeptanz zu bieten, mag positiv-romantisch verbrämt sein – etwa die Stilisierung des edlen Wilden. Bewusst auszugrenzen und gleichzeitig Unterwerfung zu verlangen kann als negativer Akt des Staates motiviert sein – etwa als Schaffung von Ghettos für bestimmte definierte Gruppen.

Fakt ist: Sowohl eine erzwungene Assimilation als auch eine Idealisierung des Andersseins unter Aufgabe einer alle verpflichtenden gesellschaftlichen Verbindlichkeit (Schutz und Anerkennung kultureller Unterschiede durch den Staat, siehe Multikulturalismus) und eine Tolerierung von Parallelgesellschaften verhindern dauerhaft Fortschritt und gesellschaftliche Entwicklung.

Beide Modelle fördern Abgrenzung und Vorurteile, anstatt durch einen Annäherungsprozess Unkenntnis abzubauen und Irrationalismen durch Rationalität zu ersetzen. Der liberale Weg ist der dritte Weg, der versucht, eine an Regeln und Rechten orientierte Integration für alle zu ermöglichen.

4. Liberale Migrationspolitik

Kulturen und gesellschaftliche Entwicklung in der Bundesrepublik Deutschland werden nicht durch das Grundgesetz reglementiert, aber von diesem getragen. Das Grundgesetz garantiert nicht nur bürgerliche Freiheit, es fordert auch Respekt für diese bürgerliche Freiheit von jedem Einzelnen – in welchen Werten diese Freiheit sich auch immer auf der gesellschaftlichen Ebene manifestieren mag. Die kulturelle Hegemonie, die bei den Bundesländern liegt, erlaubt hier eine weite Interpretation von kulturellen Ambitionen und Aktivitäten. Unverzichtbar aber für alle gesellschaftlichen Prozesse innerhalb des staatlichen Rahmens ist die Anerkenntnis der rechtlichen Grundlagen und der Werte, die diese schützen.

Grundbedingung für einen liberalen Integrationsbegriff ist somit immer die Kenntnis des Grundgesetzes und die Respektierung der Gesetze, die bürgerlichen Freiraum gewährleisten.

Alles an lebensweltlichen Tätigkeiten und Äußerungen, das nicht mit diesen Grundlagen kollidiert, ist tolerabel. Das heißt nicht, dass diese Äußerungen – etwa bestimmte Kleidungsformen, Verhaltensweisen, kulturelle Normen – allen gefallen müssen. Das heißt nur, dass der Staat diese erlaubt und die Gesellschaft diese zu tolerieren hat. Das schließt Unmut und Auseinandersetzungen nicht aus, fordert vielmehr kulturelle Techniken zum Ausgleich – die aber dann auf der gesellschaftlichen Ebene zu entwickeln und anzuwenden sind und nicht auf der gesetzlichen Ebene.

Eine liberale Migrationspolitik folgt dem Grundsatz, dem Einzelnen so viele Entfaltungsmöglichkeiten wie möglich und dem Staat so viel Förderung wie hierfür nötig zu erlauben. Zentrale Begriffe für den immer dynamisch zu verstehenden Prozess von Zuwanderung, Einwanderung und Abwanderung sind Teilhabe, Bildung, Repräsentation, Partizipation und Integration.

Notwendig ist es, die Willkommens- und Anerkennungskultur zu stärken, Fachkräfte zu gewinnen und zu binden.[113] Ausbildungsangebote für alle Altersgruppen müssen verbessert, Mentorenprogramme entwickelt werden. Sprach- und Integrationskurse sind auszubauen; Vorintegrationsmaßnahmen und Vorabinformationen im Heimatland über Arbeit, Studium und Sozialsystem der Bundesrepublik wären vor allem für Arbeitsmigranten sinnvoll.[114]

Der Flüchtlingsschutz muss erweitert werden. Hierfür können die Duldungsbedingungen bei überwiegender Sicherung des Lebensunterhalts in Deutschland gelockert werden. National ist eine stärkere finanzielle Unterstützung der betroffenen Kommunen und Städte nötig, um gesellschaftliche Friktionen am Aufnahmeort zu verhindern.[115] Unverzichtbar ist eine Reform der EU-

---

[113] Migranten verstärkt für Ehrenämter zu motivieren und für Positionen des öffentlichen Dienstes zu gewinnen, ist sinnvoll, um das Engagement für den Staat und die Anerkennung durch die Gesellschaft gleichermaßen zu fördern.

[114] Das könnte dazu beitragen, unrealistische Vorstellungen von Deutschland, die manche Arbeitsmigranten haben, von vornherein zu korrigieren und Enttäuschung und Unzufriedenheit, die sich dann in sozialem Rückzug äußert, zu verhindern.

[115] Hierzu gehört jenseits der politischen Maßnahmen eine verbesserte und frühzeitige Kommunikation der jeweiligen Verantwortlichen vor Ort mit der

Flüchtlingspolitik. Diese verlangt vorab eine höhere Solidarität der Mitgliedstaaten untereinander und eine grundlegende Diskussion über die Grenzsicherungssysteme, die auf reiner Abschottung beruhen. Elementare Grundsätze der Nichtzurückweisung und Seenotrettung müssen beachtet werden. Eine politische und wirtschaftliche Stabilisierung in den Herkunftsländern muss angestrebt werden, um Fluchtgründe von vornherein zu verhindern. Grenzen sollten nicht ideologisch verteidigt und gefestigt, sondern vielmehr durch klare und verbindliche Regeln für Migration Übergänge zu gesellschaftlicher Entwicklung und Fortschritt werden.

Auch ein pluralistisches Gesellschaftsmodell kann nur dann angenommen werden, wenn es Möglichkeiten zur Teilhabe, Partizipation und Repräsentation bietet. Die Einführung eines kommunalen Ausländerwahlrechtes bei einem rechtmäßigen Mindestaufenthalt von fünf Jahren, die doppelte Staatsbürgerschaft und die Einbürgerung nach vier Jahren erlauben das. Die Möglichkeit zur politischen Partizipation verstärkt den Willen zur gesellschaftlichen Integration. Ein dauerhafter Lebensmittelpunkt bedingt einen Anspruch auf Partizipation und Repräsentation. Wo langfristig gearbeitet wird, wo Steuern und Sozialabgaben gezahlt werden, ist eine höhere Identifikation mit der Gesellschaft zu erwarten. Dieser Identifikation muss eine Gesellschaft freier Bürger mit stärkeren politischen Rechten begegnen.

---

betroffenen Bevölkerung. Hierdurch wären viele Ängste und Vorurteile im Vorfeld aufzufangen.

Zusammenfassung:

Migration ist ein positives Faktum innerhalb einer Gesellschaft, die – im Falle der deutschen – immer schon eine Zuwanderungsgesellschaft war. Zuwanderung schafft soziale und kulturelle Dynamik, ohne die jede Gesellschaft erstarrt. Die Wahrung der gesellschaftlichen Regeln, der Grundsätze und Rechte des Gastlandes ist hierfür unabdingbar.

Das liberale Modell einer *Offenen Gesellschaft* bedeutet, Konfliktdemokratie zu erlauben, öffentlichen Diskurs zu fördern und Aufklärung zu leisten. Hierzu gehört es zu akzeptieren, dass die Lebensperspektive von Migranten nicht Einbürgerung, sondern zeitweiliges Arbeitsleben in Deutschland und mögliche Abwanderung heißen kann. Eine Integration möglichst vieler ist aber anzustreben. Für alle aber gilt: Freiheitsrechte des jeweiligen anderen müssen auf der Basis und im Rahmen der freiheitlichen demokratischen Rechtsordnung respektiert werden.

Literatur

Baur, Christine: Schule, Stadtteil, Bildungschancen: Wie ethnische und soziale Segregation Schüler/innen mit Migrationshintergrund benachteiligt, Bielefeld 2014

Berliner Institut für empirische Integrations- und Migrationsforschung (BIM), Humboldt-Universität, Naika Foroutan, Deutschland postmigrantisch: Was ist Deutsch und wer gehört zum deutschen Wir, jetzt, da Deutschland ein Einwanderungsland ist?, Dezember 2014

Berlin-Institut für Migration und Bevölkerung: Neue Potentiale. Zur Lage der Integration in Deutschland

Berlin-Institut 2014, Klingholz/Sievert: Krise an Europas Südgrenze, Diskussionspapier.

Die Beauftragte der Bundesregierung für Migration, Flüchtlinge und Integration (Hrsg.): Integration in Deutschland. Zweiter Integrationsindikatorenbericht. Berlin 2012

Brubaker, Rogers: Ethnicity without groups, Harvard University Press 2004/dt. 2007 sowie Citizenship and Nationhood in France and Germany, Harvard University Press 1992

Bundesamt für Migration und Flüchtlinge (BAMF), Fortschritte der Migration, Berlin 2010

EU-Freizügigkeitsgesetz, Gesetz über die Freizügigkeit der Unionsbürger, 30. Juli 2004

Favell, Adrian /Martinello, Marco: The Politics of Belonging: Migrants and Minorities in Contemporary Europe, Geddes, Andrew & Favell, Adrian (eds.), Ashgate 1999

Fleras, Augie/Elliott, Jean Leonard: The Challenge of Diversity, Canadian Journal of Sociology, Summer 1993

Grimm, Katharina: Immigration, Integration, Identifikation? Beurteilung der Ansiedlungspolitik Brandenburg-Preußens im Hinblick auf den Verlauf der kulturellen Integration der Hugenotten, München 2010

Hamburgisches WeltWirtschaftsinstitut (HWWI), Ann-Julia Schaland: Potentiale von selbstständigen Migrantinnen und Migranten in Deutschland. Ein Überblick, Hamburg 2012

Institut für Arbeitsmarkt und Berufsforschung (IAB), Herbert Brücker: Zur Arbeitsmigration in Deutschland, im Auftrag der Bertelsmann-Stiftung 2013

Joppke, Christian: Citizenship and Immigration. Cambridge 2010

Kaas/Manger: Ethnic Discrimination in Germany's Labour Market, Februar 2010

Kukathas, Chandran: The Liberal Archipelago: A Theory of Diversity and Freedom, Oxford 2003

Kolb, Heinrich: Zur Zukunft von Integration und Migrationshintergrund, Stiftungsworkshop SVR, Berlin, 10. April 2014

Organisation for economic Co-education and Development (OECD): Education at a Glance/Bildung auf einen Blick, 2013

Organisation for economic Co-education and Development (OECD): Migrationstudie zur Situation auf dem Arbeitsmarkt, Dezember 2014

Sachverständigenrat deutscher Stiftungen für Integration und Migration (SVR): Erfolgsfall Europa? Folgen und Herausforderungen der EU-Freizügigkeit für Deutschland, Jahresgutachten 2013 mit Migrationsbarometer, Berlin 2013

Sachverständigenrat deutscher Stiftungen für Integration und Migration (SVR): Deutschlands Wandel zum modernen Einwanderungsland, Jahresgutachten 2014 mit Migrationsbarometer Berlin 2014

Schengener Abkommen zur Abschaffung der Grenzkontrollen der EU, 19. Juni 1990

Tribalat, Michèle: Assimilation. La fin du modèle français, Ed. du Toucan, 2013

Vertrag von Amsterdam: Zur Arbeitsweise der EU, 1. Mai 1999

Zentrum für Europäische Wirtschaftsforschung (ZEW), Holger Bonin: Der Beitrag von Ausländern und künftiger Zuwanderung zum deutschen Staatshaushalt, im Auftrag der Bertelsmann-Stiftung 2014

Weiterführende Literatur

Borjas, George J., Heaven's Door: Immigration Policy and the American Economy, Princeton, 1999.

Carens, Joseph H., The Ethic of Immigration, Oxford 2013.

Harris, Nigel, Thinking the Unthinkable. The Immigration Myth Exposed, London/New York, 2002.

Kukathas, Chandran, The Liberal Archipelago: A Theory of Diversity and Freedom, Oxford 2003.

Legrain. Philippe, Immigrants: Your Country Needs Them, London 2007.

Oltmer, Jochen, Globale Migration: Geschichte und Gegenwart, München 2012.

Pritchett, Lant, Let Their People Come: Breaking the Gridlock on Global Labor Mobility, Washington D. C. 2006.

Riley, Jason L., Let Them In: The Case for Open Borders, New York 2008.

Simon, Julian L., The Economic Consequences of Immigration, Ann Arbor 1999.

Swain, Carol M., Debating Immigration, Cambridge 2007.

Außerdem die Webseiten www.openborders.info und www.offene-grenzen.net

Autoren

Sabine Beppler-Spahl lebt in Berlin. Die Diplom-Volkswirtin ist Redakteurin der liberalen Zeitschrift Novo-Argumente und Mitautorin des Freiheitsmanifests. Sie schreibt für zahlreiche internationale Medien zum Thema Migration wie etwa für The European.

Kalle Kappner lebt in Berlin. Der Volkswirt promoviert an der Humboldt-Universität zu Berlin. Er war Abgeordnetenmitarbeiter im Deutschen Bundestag und verfasst regelmäßig Beiträge zu migrationsökonomischen Themen für die Studentenorganisation Students for Liberty.

Clemens Schneider lebt in Berlin, ist Diplomtheologe und arbeitet gerade an seiner Dissertation über den liberalen Philosophen Lord Acton. Er koordinierte den Arbeitskreis Wirtschaft und Soziales der Stipendiaten der Friedrich-Naumann-Stiftung für die Freiheit, ist Gründer des liberalen Think Tanks Prometheus – Das Freiheitsinstitut und Mitinitiator der „Woche der Freiheit".

Annette Siemes lebt in Potsdam, Magister Artium in Philosophie, Psychologie und Kunstgeschichte. Selbstständige Beraterin für Public Affairs und strategische Positionierung, langjährige Tätigkeiten in Verbänden und Agenturen. Wissenschaftliche Referentin im Deutschen Bundestag und Berliner Abgeordnetenhaus, Mitarbeiterin des Liberalen Instituts, zuständig für die Themen Innen/Justiz, Kultur und Migration/Integration.

Sabine Leutheusser-Schnarrenberger lebt in Tutzing. Bundesministerin der Justiz von 1992 bis 1996 sowie für Justiz und Verbraucherschutz von 2009 bis 2013. Studium der Rechtswissenschaften in Göttingen und Bielefeld, Mitglied des Freiburger Kreises der FDP, engagiert für Menschenrechte und Bürgerrechte, Mitglied der parlamentarischen Versammlung des Europarates 2003 bis 2009. Mitglied des Deutschen Bundestages bis 2013. Seit Herbst 2013 Vorstandsmitglied der Friedrich-Naumann-Stiftung für die Freiheit.